Ⓢ新潮新書

島津義秀
SHIMADZU Yoshihide

薩摩の秘剣

野太刀自顕流

104

新潮社

薩摩の秘剣——野太刀自顕流◆目次

はじめに　7

壱之巻　「薩摩」との出会い　11
大阪生まれで鹿児島を知らなかった加治木島津家十三代目の私は、自顕流という最強の秘剣に導かれるように、薩摩文化に触れ、惹かれていった。

弐之巻　維新を叩き上げた剣法　39
桜田門外の変、寺田屋事件、生麦事件……。幕末維新の動乱の中で、近代国家の礎となった下級武士の多くが、なぜ自顕流の使い手だったのか。

参之巻　示現流と自顕流　85
薩摩に伝えられた、藩の御留流と下級武士の剣法。どこが違うのか。第十二代宗家・東郷重徳氏にうかがった、宗家の重み、示現流の意地。

四之巻　自顕流の技　97
新撰組の近藤勇に「初太刀をはずせ」と言わしめた、一撃必殺の威力の源泉は、どこにあるのか。技の種類、稽古方法、心構えなどを解説する。

伍之巻　わが師が語る「極意」　127
裂帛の気合とともに、「地軸の底まで叩き斬れ」と教えられるような、激しい稽古から生まれた最強の実戦剣法。それを根底で支える魂とは。

完之巻　現代に生きる自顕流　139
維新を叩き上げたのは、自顕流だけではない。郷中教育という薩摩独特の教育システムがあったからこそ、鹿児島から多くの志士が生まれたのだ。

あとがき　168　巻末資料　172　参考文献　189

技の錬磨に努める著者（撮影：山本陽子）

はじめに

剣豪小説や歴史・時代小説のファンなら「示現流《じげん》」をご存知だろう。幕末から明治にかけての激動の時代に、一撃必殺で鳴らした薩摩藩秘伝の剣術である。敵対する新撰組隊長・近藤勇が「薩摩の初太刀《しょだち》をはずせ」と最大限の警戒を払った示現流は、薩摩隼人の「チェストー！」の叫びとともに猛威を振るい、桜田門外の変、寺田屋事件、生麦事件など、数々の事件に関わり歴史を動かした。

しかし、これは必ずしも正確ではない、と言えば驚かれるだろうか。実は薩摩にはジゲン流と呼ばれる剣は二つあり、多くの小説やドラマはこれを混同してしまっているのである。

示現流ではないジゲン流、これを「自顕流」と書く。正確な名称は「野太刀《のだち》自顕流」

である。

示現流と自顕流のもともとの由来はまったく別だった。示現流は、江戸時代に完成され、多くの城下侍の間で稽古されていたもので、薩摩藩公認の御留流《おとめ》（藩外不出）。一方の自顕流は、平安期より時代の流れに翻弄されながら極秘裏に伝えられ、幕末の頃には、地方の郷士と呼ばれる比較的貧しい半農半士のような人たちが、「実戦最強の剣法」として一心に学び取った。

桜田門外の変の有村次左衛門、寺田屋事件の大山綱良《つなよし》、生麦事件の奈良原喜左衛門は、いずれも自顕流の使い手だった。さらに、京都に上っていくつもの暗殺計画にかかわり〝人斬り〟と恐れられた中村半次郎（桐野利秋）や田中新兵衛も、西郷従道《つぐみち》、伊地知《いじち》正治といった維新政府での出世組も、やはり自顕流の門弟だった。

下級武士が活躍した維新の世にあって、おびただしい戦いの場で実際に使われ、時代を動かしたのは、実は「示現流」ではなく「自顕流」のほうなのである。近藤勇が恐れた「薩摩の初太刀」も、もちろん後者を指していた。

今でも鹿児島では、「明治維新は薬丸流《やくまる》が叩き上げた」と言われる。自顕流は代々、薬丸家によって伝えられてきたため、〝薬丸流〟の通称がある。江戸時代の一時期、この薬丸家の者が、示現流を伝える東郷家の門弟になったりすることから、後の歴史作家の方々のみならず、歴史の専門家に至っても両者を混同する間違いを犯しているのは、「示現流」にとっても「自顕流」にとっても遺憾なことである。

本書を書かせていただくことになったのは、双方の存在と来歴を明らかにし、いずれもが江戸期以降、現代まで薩摩の精神的礎の一部を担っていることを示したかったからである。そして、その背後には、「刀は抜くべからざるもの」という、一見相矛盾するかのごとき思想が息づいていることも記しておきたい。

平成十六年甲申十二月

伊勢神宮道場にて記す

壱之巻　「薩摩」との出会い

十三代目という宿命

パーンッ！　パーンッ！

キエーッ！

響き渡る音と声。早朝に目が覚めた。何かを打つような音が断続的に続き、その合間に時折、人間のものとも野獣のものとも知れぬ不気味な声が混じる。

昭和五十六（一九八一）年夏、私は高校最後の夏休みを利用して、鹿児島県始良《あいら》郡加《か》治木《じき》町に来ていた。加治木は鹿児島市から北に約二十キロ、錦江湾の最奥に位置し、この町には、母方の祖父母の家がある。物心のつく前から毎年一度は訪れてきた居心地のよい〝故郷〟へ、東京から新幹線と特急を乗り継いで約十一時間かけ単身訪れたのだった。そこである早朝、冒頭の奇妙な音と声を聞いた。

気になって、祖父母に尋ねてみた。「タテギよ」という答えが返ってきた。タテギ。頭の中で「立木」「縦木」「楯木」などの漢字が次々に浮かんだ。しかし、いずれも実体をイメージすることはできない。重ねて問うと、「タテギ」は「ジゲン流」という剣術の稽古法であり、奇妙な音と声を響かせてその稽古に精出しているのは「セイウンシャ」という組織の人々であることがわかった。

「ジゲン流」なら聞いたことがあった。私は、少し前に読んだ池波正太郎氏の著作『人斬り半次郎』を想起した。本名は中村半次郎、後に桐野利秋と名乗るこの人物は、幕末、戦乱の京都で数々の佐幕派暗殺計画を主導したとされる。戊辰戦争、西南の役では、生涯の師と慕った西郷隆盛の右腕として、用心棒として活躍し、歴史を大きく動かした。

この半次郎がジゲン流の使い手だったはずだ。数々のエピソードに彩られた半次郎のジゲン流は、薩摩藩秘伝、最強の一撃必殺剣として私の頭にインプットされていた。

あのジゲン流が、今もなお鹿児島でひっそりと朝稽古されているというのだろうか。

私は強い好奇心が募るのを抑えきれなかった。

私は昭和三十九（一九六四）年雪の降る日に、大阪の南部、泉佐野というところで生まれた。泉佐野は、現在でこそ関西国際空港ができて有名になったが、私の生まれた頃はまだ漁師町で、タオルと茄子、タマネギの産地であった。父はこのあたりの庄屋の分家筋で、開業医をしていた祖父の長男としてここで生まれた。母は、旧薩摩藩主島津家の御一門家、加治木島津家のいわばお姫様として、鹿児島に生まれ育った。医者の息子と殿様の娘の結婚についてはさまざまな障害があったが、ここでは省かせていただく。ただひとつ記さなければならないことは、この結婚の条件として、跡継ぎのいなくなった加治木島津家の元に、産まれた子供を一人養子として戻すこと、という条件があった。

そして一人っ子として生を授かった私が犠牲となったのである。生まれたときから私には、加治木島津家の跡を継ぐ「十三代目」という宿命があった。

ご存知のように島津家は、鎌倉時代から守護として薩摩を治め、江戸時代には薩摩藩主を代々務めた。加治木島津家は、宗家十八代・家久（十七代義弘の三男。忠恒《ただつね》から改名）の子の一人、忠朗《ただあき》を初代に寛永七（一六三〇）年より続く家柄である。

その十三代目とは気が重いが、実際には、鹿児島の加治木で家を守るというのではなく、系図を途切らせないように名前だけ継げばよい、という程度の話であったらしい。大阪で生まれた私は、サラリーマンだった父親の転勤に伴って東京で育ち、大学も東京の私大へ通った。卒業後の進路にも何ら束縛はなかった。

鹿児島のことはほとんど知らず、わずかに霧島・指宿《いぶすき》の温泉と磯《いそ》庭園（現在は仙巌《せんがん》園《えん》）、桜島などを、一般的な知識として知るばかりだった。戸籍上の重責とは裏腹に、私と薩摩の接点は祖父母の家のみに限定されており、私にとっての薩摩は、年に一度は訪れる保養地に過ぎなかったのである。

ところが、ジゲン流との出会いが、私を薩摩へ呼び寄せることになる。

最強の秘剣への憧れ

ジゲン流に強い興味を持った私は、鹿児島の歴史資料センター黎明《れいめい》館を訪ねた。当時の館長は、私の祖父母の隣家に住まわれる新納《にいろ》教義先生であった。新納家は加治木島津家筆頭家老職の家柄に当たるそうで、祖父母とも懇意にしていたことから、館長自らが館内をくまなく案内、解説してくださった。

三〜四時間もかけてご講義いただくうちにあることに気づいた。鹿児島では今なお、幕末・明治維新を昨日のことのように扱っているということである。

「アン時は西郷サアが出てこられて、岩倉具視んシ、長州とともに倒幕の密勅を受けられました」

新納先生は独特の節回しで、その場にいたかのごとく克明な解説をされた。

いよいよ幕末の展示に進んだとき、私がそわそわしながらジゲン流について質問をすると、「そいならこちらへお連れいたしましょう」と案内された。そのコーナーで、私はしばらく立ちすくんでしまった。

まず、薩摩には「示現流」と「自顕流」という二つのジゲン流があること、そして私が祖父母の家で聞いた声は「自顕流」のものであることがわかった。剣豪小説や歴史・時代小説では二つが混同されていることが多いが、どうやら別物らしい。また、稽古用のタテギ（立木）という装置や、稽古に使う木刀が展示してあり、自顕流を紹介するビデオまで用意されていた。私は装置や木刀を仔細に眺め、ビデオを食い入るように観た。

スローモーションで木刀を垂直に構えた男が、奇声とも唸り声ともつかぬ声を上げて、ものすごい形相で走ってゆく。桜島の火山灰がつもった大地を、裸足で滑るように走る。貴重な映像が収められたそのビデオを、もっとじっくり観たくて、帰りしなに貸していただけるようお願いしたのは言うまでもない。

東京へ帰ってさっそく、ビデオを研究しながら、まず稽古用の装置「立木」を作ることから始めた。どうしてもその稽古をやってみたくなったのである。しかし、木刀に使う柞《ゆす》の木や枇杷の木などは都内では入手困難であるため、鍬や鋤に使う柄を買ってきて木刀とした。夕方とはいえ、東京都内の閑静な住宅街で「パーンッ！　パーンッ！」と打ち響く音には、両親も閉口して、頼むからやめてくれということになってしまった。

いろいろ悩んだ末、町の剣道場へも通ってみたが、結局はやめた。大学に入ったら、自顕流を習うために毎夏、鹿児島へ行こうと決めたからである。剣道は、瞬発力と持久力が勝負のスポーツで、人は斬れない。ビデオで研究した自顕流は、スピードと破壊力の凄まじい、まさしく人を斬るために追究されてきた剣法である。どうせやるなら人斬り半次郎も使った最強の剣がよい。そんな子供じみた考えを私は持った。

薩摩文化を支えた「舍」

そして大学一年の夏、ついに念願の日が来た。

夏休み最初の日曜日、早朝五時頃から加治木護国神社の境内で待っていると、数人の子供や大人がやって来た。彼らと一緒に境内を箒ではいて清め、ビデオで見覚えのある装置を設置して、指導者らしき大人の人から木刀の持ち方、構え方を教わり始めた。剣道とはまったく異なるものだった。小説に書かれているような「八双の構え」などではなく、ひたすら天に向けて突き上げ、あたかも木刀にぶら下がるかのような構えである。ビデオで見ただけではわからなかった足の運びや力加減も教わった。何しろ、ひと通り吸収して東京に持ち帰らないと、一人で稽古ができないという思いで必死であった。

東京へ戻ると、装置は叩かなかったが、型、素振りを続けながら、翌夏を待った。

また、夏が来た。休みに突入する前日の夜行で出発し、翌朝、鹿児島へ着いた。祖父母の家へ着くと先祖への挨拶もそこそこに、その後の自顕流について尋ねたところ、最近、稽古の声が聞こえなくなったという。不思議に思って私はお隣の新納館長を訪ねた。実は新納館長は「セイウンシャ（青雲舎）」の舎長だった。新納先生の話では、「舎生の子供たちが育って社会人になる一方、新しい子供たちが入ってこなくなったため、青雲舎の活動は休止中です」とのことであった。

私は目の前が暗くなった。一体、何のためにここまで来たのか。日曜日の朝、護国神社で待っていても、姿を現す者は誰一人としていなかった。

稽古への強い欲求を満たされないまま、私は再び黎明館を訪れた。何か自分の欲求を満たしてくれるものがないか考えたからである。私はそこで「青雲舎」の「舎」というものが何なのか、調べてみたくなった。ちょうど黎明館の隣が県立図書館であった。

調べてみると「舎」というのは、鹿児島だけに伝わる青少年育成のための教育現場を指すことがわかった。詳しくは後で記すが、「舎」は子供会のような単位で成り立ち、先輩が後輩を教えるというプチ社会を形成していた。古くは読み書きそろばんに加え、危機管理や時事問題の議論、そして剣術も教えられたという。

自顕流はこのような中で稽古されてきたのである。

しかし、書物でわかったつもりでも、実際にその渦中に飛び込んでみないとわかったことにはならない。「虎穴に入らずんば虎子を得ず」が私のモットーだ。何とか青雲舎に近づいてみたい。そこで新納先生に再びご相談すると、「私の息子が今、舎の世話役をしております。義秀さんのお相手ができると思いますよ」というありがたいお返事であった。私はさっそく、先生のご子息である新納征史郎氏にお会いすることにした。

自顕流を習得したいという思いにお預けを食った私は、征史郎氏によって、薩摩文化を初めて体験することになった。そして、それは薩摩武士道に根付く共通の精神として、自顕流に通じるものだったのである。

加治木郷士のプライド

新納征史郎氏は陶芸家である。お隣ということもあってよく知っていた。だが、前年の夏、護国神社の境内で、彼のすばらしい「続け打ち」という技を見るまで、元青雲舎生としての彼を私は知らなかった。

私たちは縁側でお茶をいただきながら、薩摩式のお茶の時間を過ごしていた。鹿児島の夏は暑いと思われがちである。確かに日中、日なたの温度は体温を上回る。しかし木陰は涼しい。特に古い武家屋敷は、床も天井も高く、さらに、障子はすべて取っ払ったりするので屋根と柱だけの建物となる。そこで沸かしたてのお茶をいただきながら、漬け物をお箸で手のひらに載せていただく。お皿など使わない。

このお茶の時間に、私は征史郎氏から、天吹《てんぷく》という竹笛の話を聞かされ、後日、天吹の先生、白尾國利師のお宅へ同行させていただいた。

征史郎氏に伴われて訪れたのは、歩いてわずか五分ほどの簡素な庵《いおり》であった。そこに七十代の老人が端座しておられた。白尾國利師だった。白尾師は、優しい目で私を眺めると、愉快そうに切り出した。

「あなたの曾祖母様《ひいおばあ》は大変厳しいお方でしたよ。ホッホッホッ」

どうやら家のことをよく知っているらしい。白尾家は加治木島津家の與頭《くみがしら》の家で、私の曾祖母のご養育係を司ったこともあるという。元々は薩摩藩の御用学者であり国学者

天吹も薩摩武士の嗜みの一つ

の家柄である。

かつて加治木青雲舎で鍛えられたOBである師は、七十代の華奢な体にそぐわない、たくましい両腕をしていた。自顕流の修行をすると普通の場所とは異なるところに筋肉が付く。たとえば、肘をくの字に曲げたとき、力を入れなくとも自然と関節の上部が盛り上がる。師が天吹を吹く構えを見せたとき、まさしくその部分の筋肉が盛り上がった。

「昔ぁーな、舎で詩吟を詠ったい、琵琶を弾じたい、天吹を吹っもんごわした。ほいで、立木は曽木道場で鍛えられもしたど」

やはり、白尾師も自顕流の使い手であった。

白尾師の祖父にあたる伝右衛門氏は、神影流《しんかげ》だった。加治木では当時、神影流が主流であったそうだ。ところが、文久二（一八六二）年に勃発した寺田屋事件で、神影流の使い手が刀を振り上げて天井に突き刺さり、抜けなくなったところを自顕流の一刀のもとに切り捨てられたという情報が入った。自顕流、恐るべし。これを機に、自顕流を学ぼうという気運が高まった。

白尾伝右衛門と曽木彦五郎の両氏が、明け方の加治木を後に下駄履きで約三十キロ歩き、鹿児島市内の自顕流道場まで往復して通った。両氏は稽古を終えると、加治木へ戻って来たその足で、青少年たちの指導に汗を流したという。

明治四十五（一九一二）年四月十五日。加治木町において「大日本武徳協会加治木支部発会式典」が催された。このとき、記録によれば曽木彦二、彦五郎らが自顕流の円熟した演武を披露している。

白尾師は煙草の煙をくゆらせながら、さほど遠くない先祖の残した道を語った。

加治木はもとは加治木郷《ごう》といい、一郷村であった。鹿児島は藩政が敷かれる前から外《と》城《じょう》制度を設けていた。外城制度とは簡単に述べれば、現鹿児島市内が城下町で、それ以外の郊外要所要所に出城を設けたことに由来する。この外城が置かれていたところは郷と呼ばれ、そこに住む侍たちは、城下侍と区別され「郷士」と呼ばれた。郷士は貧しい生活がゆえに、ふだんは鍬をとり田畑を耕す百姓として生活していた。

薩摩には、泰平の世となった江戸時代になっても、関ヶ原の合戦当時の気風が残っていた。いざ出陣というときには鍬を捨て、刀をとり、甲冑に身を包んで馳せ参じる、という心構えがあった。いわば郷士は前線の兵士であり、「薩摩は人を以て城となす」といわれた所以である。

白尾師の血には、まだこの加治木郷士としてのプライドとけじめが流れていた。師によれば、昔の郷士の子供たちは、武道の鍛錬を積むほかに、天吹や薩摩琵琶を稽古し、お互いの技術を競うだけでなく、その歌詞などを通じて精神面での修養を積んでいたという。自顕流、天吹、琵琶を三つの嗜みとしていたのである。

師が奏でる天吹の素朴な音を聴いたとき、私はそれまで抱いていた鹿児島＝薩摩＝武の国というイメージがなにやら違っていたのではないかという気持ちを抱き始めた。そして、自顕流も、ただの殺人剣法ではないはずだ、と確信した。

薩摩琵琶に学ぶ精神

白尾師の話に出てきた薩摩琵琶について、私は以前から存在を探していた。幼少の頃から音楽を嗜んできたからという理由もあったが、それだけではない。やはり薩摩の伝統に触れたいという思いがどこかにあった。白尾師にご紹介をいただくことを頼んでみると、師は快く承諾された。

大学二年も終わる冬、鹿児島へ戻った私は白尾師と祖父とともに鹿児島市内、西郷さんの自決した城山《しろやま》という小高い丘の北側に、薩摩琵琶萩原道場と手書きされた木板のかかる家を訪れた。禅僧風の矍鑠《かくしゃく》とした老人は、難しい顔をして私の薩摩琵琶に対する興味をじっと聞いていた。川野虎男師である。

川野師は、私が鹿児島で育っていないこと、鹿児島弁をしゃべらないことに難色を示した。薩摩琵琶の歌は、鹿児島訛で発音する事が多く、その歴史的背景から、明治頃までの薩摩人の気風＝「士風」を理解しないものには教えても無駄、と考えている様子だった。郷士の血が流れている白尾師でさえ、ここへ来る前に「薩摩琵琶の世界は特殊ですから」といっていた理由が、何となくわかった。取りあえず、歌を聴かせてもらい、歌詞の書いてある本をいただいた。

こうして自顕流を追い求めていた私は、行きがかり上、天吹、薩摩琵琶までやることとなってしまった。だがそれは、私が鹿児島で生まれ育っていない、教育をいっさい受けていないというコンプレックスをいち早く払拭し、鹿児島に受け入れてもらうための近道であるということを意識した結果でもあった。

もちろん、一刻も早く自顕流の木刀を握りたいという気持ちは抑えられなかったが、地元の加治木ですでに休止状態である以上、不可能に近かった。それよりも、薩摩琵琶の稽古が先だった。

薩摩琵琶の起源は約五百年前、青少年の徳育教育のために、時の為政者、島津忠良(日新公《じっしん》。島津義久、義弘らの祖父で、島津家中興の祖といわれる)が盲僧琵琶を改良し、いろは歌の精神を盛り込んだ歌詞をつけて作り出した。後に郷中《ごじゅう》教育という鹿児島独自の青少年教育制度の中で培われ、やがて幕末、明治維新の原動力となる。その歌詞はきわめて難解な古文で、歌の内容を理解するだけでも苦労するのに、さらにこれを暗記しなければならない。短いものでも一曲約十分の長さである。楽譜はない。間を取りながら節を付けて覚えるのだ。

川野師のお宅へ朝九時過ぎ頃伺って、稽古を付けてもらう。一対一で向かい合い、正坐をして師に対面する。師が一節ずつ琵琶を入れながら歌う後をついて、歌う。口伝である。ようやく一曲を歌い終わると、汗が吹き出る。間髪を入れず、「それじゃ、もう一回」と声がかかる。このようなことを三、四回繰り返しながら、合間には琵琶にまつわる話を拝聴する。師が若かりし頃の鹿児島の舎の様子、その頃の世相、日新公という人について、西郷隆盛について、さまざまな鹿児島の、本では知りえない話が出る。

薩摩琵琶の呼吸は自顕流と同じ

痺れて感覚の薄れていく足を崩すこともできず、脂汗をかきながら、私はその話をうかがい、ときには筆記する。するともう一回、と歌の稽古がある。この修行をほぼ毎日、師のお宅にお邪魔して夏休みと春休みのすべてを二年間費やして行った。

「君は天下を取りたいか」

大学四年の冬休み、鹿児島に帰省すると、新納征史郎氏から栗野のお茶室へ誘われた。茶の湯の道をわきまえていない私でも構わないとのことだったので同席させていただく。

栗野岳は鹿児島のほぼ中央、霧島山脈の端に位置する、牧草地帯が広がる山である。古くから温泉があり、西郷さんが狩りに来て湯治をしたという。鬱蒼とした森の中を進むと、一軒の茅葺きの家に着き、中にはがっしりしたお坊さんのような老人と、白髪の人の良さそうな老人が座っていた。冬の栗野は寒く、雪が積もる。かじかんだ手を囲炉裏にあてながら、がっしりしたほうの老人が口を開いた。

「君は将来、何になるつもりか。天下を取りたいか」

いきなりの時代錯誤的な問いに戸惑いながらも、私は鹿児島に住んで、できれば教員になりたいと答えた。

もう一人の白髪の老人が優しい眼差しでうなずいた。新納征史郎氏は私の家のこと、自顕流を志していること、現在、薩摩琵琶と天吹を稽古していることを告げた。最初に口を開いた老人が「薩摩琵琶は誰についているか」と問うので「川野先生です」と答えると、

「アッハッハ。虎男君についたか、そりゃよか稽古だ」

と笑った。この人物は四元義隆《よつもと》（二〇〇四年六月二十八日没）と名乗った。歴史に疎い私は、名を聞いてもピンとこなかったのだが、後でビックリした。血盟団事件に連座し、吉田茂以下歴代総理大臣のご意見番として有名な、あの四元氏だったのである。同席した白髪の老人薬師寺忠澄氏（後の栗野町長）と川野師は、四元氏の後輩に当たるそうで、四元氏は薩摩琵琶同好会の顧問であった。

これを機会に私は、四元氏来鹿のたび、薬師寺邸に川野師とともに呼ばれ、琵琶を弾くこととなった。四元氏は、坐禅のような姿勢で座り瞑想でもするかのごとく、琵琶に聴き入っては、ときおり、「ウーン」とうめき声のような声を上げた。弾いている私としては、良いのか悪いのかいっこうにわからないまま、終わってしばらくすると、また

「ウーン」と唸った後、「も、一曲何か」と言われることが多かった。本当に琵琶を聴くのが好きな人というのはこういう人かと思った。

四元氏は、鹿児島市内の学舎の出身であった。あるとき、雑談の中で、

「薩摩琵琶の呼吸は、自顕流と同じだ」

という意味のことを言われた。だから昔は、琵琶、天吹、自顕流は切り離せないものだったというお話に私は耳をそばだてた。

遂に自顕流門下生に

大学を卒業する頃、すでに私は鹿児島へ移り住む決意を固めていた。

その頃、川野師の勧めで、鹿児島市内の薩摩琵琶同好会に所属し、琵琶会にデビューすることとなった。琵琶会に出る中で、琵琶弾奏者の一人、伊藤政夫師と出会った。この伊藤師こそ野太刀自顕流の先生であった。そして白尾師が言う琵琶、天吹、自顕流の三つの嗜みを、明治以降では初めて身に付けたまさにその人であった。

私ははやる胸を抑えて、今までの経緯と入門のお願いを申し出た。伊藤師は大変気安く受け入れて下さった。こうして私は、遂に自顕流の門下生となることができた。師が指導される鹿児島市内の共研舎へ、土曜日の夕方、通うことになったのである。

しかし、社会人になると慣れない仕事に追われ、毎週通うことが困難になった。琵琶も同様、毎週行われる稽古会に間に合うことはまれになった。

その代わりに、仕事柄、歴史的な関わり合いが多くなってきた。私は結局、大学卒業と同時に、旧薩摩藩主島津家が経営する株式会社島津興業に入社していた。島津興業は、大正十一（一九二二）年、観光地である仙巌園（通称・磯庭園）と島津家の歴史的遺産を管理運営するために設立された会社である。施設内には、島津家歴代を祀る神社もあり、年数回の祭りには琵琶の弾奏と自顕流などの縁《ゆかり》の古武道が奉納される。当初、総務部にいた私は、これら団体との対応窓口となっていた。

参列者の中には、鹿児島市内に存在する学舎関係者代表もいた。時代が変わり、激変する社会の中にあって、ここだけは四〜五百年間の悠久の時間が流れていて、本質とは何か、薩摩武士道とは何かというようなことを追求してきた古武士たちが矍鑠として集う場であった。その主だった人たちも、今では何人かは他界されてしまったが、その強烈な存在と気迫は今も人々の記憶に残っているようで、何かと話題に出ることがある。

今でも覚えているのは、故三木原勝義氏だ。当時、鹿児島市内最大の学舎「四方《しほう》学舎」の代表的存在で、私がお会いしたときはすでに七十歳代であったと思う。杖をついておられたが、体格がよく、背丈も高く、真っ白で豊かな髪が印象的であった。あるとき、学舎の高校生ぐらいの歳の舎生が、私と三木原氏との間を横切った。刹那、

「人の前を横切るとは何事かーっ！」

という一喝とともに杖で打たれたその舎生は、あまりの気迫と杖の速さに、地面に叩きつけられた。私には、杖が振り上げられてから舎生が地面に叩きつけられるまでのシーンが認識できず、あまりの速さに舌を巻いてしまったことを覚えている。

この昭和の末期の頃でも、薩摩にはこのような猛者《もさ》がまだ何人もいたのである。

三木原氏は古武道「影之流」の達人であった。このような人たちと話をするのは、なかなか神経を使った。しかしそれは、木刀を持たない稽古であるという自覚が私にはあった。この人たちの気迫に押されて話ができないようでは、自顕流の気を練るどころで

はない。むしろ、その気迫を粉砕するだけのものを、このような場で鍛錬してゆけば、いざ、木刀を持った稽古に挑んでも、「地軸の底まで叩き斬れ」という自顕流の意地に近づけるのではないか。おぼろげながらそのようなことを考えて毎日が過ぎていった。

「自顕流の意地」といっても、「意地を張る」の意地ではない。昔の言い伝えに次のような話がある。

第十九代光久の嫡子・綱久が、宗家・薬丸兼陳に自顕流の意地について尋ねたときのことだ。

兼陳は、近くにあった茶釜にたとえて説明をしたという。「水を釜に入れ、炭火をおこして湯を沸かします。水は徐々に熱くなって熱湯に変わります。炉の火も盛んに燃え続ければ茶釜は焼け、紫から赤に色を変えて強い熱を持ちます。こうなると茶釜に触れるものは、何でも茶釜が焼きつくしてしまいます」

仕事に追われていても全然稽古に出なかったわけではない。月にいっぺんぐらいは、ボロボロになるまで稽古した。自顕流は体がなれるまでにたっぷり時間がかかる。しかし、動作は瞬発的なものが多いため、無酸素運動のように短時間で素早く破壊的な力を要求される。従って体ができていなくても、動きとしてはある程度動けるが、翌日といわず数時間後から全身の筋肉が痛み出す。

たとえば、稽古後、木刀を握った指が硬直して離れなくなる。もちろん鉛筆は握れないし、肩から腕全体がパンパンに張り、火照《ほて》って夜寝られない。下半身もガタガタになって、事務所の階段が昇れない……等々の激しい症状が全身に出るのだ。

ところが、師匠の伊藤師を見ていると、高齢にも拘らず、激しい打ち込みをし、翌日琵琶会があるのも構わず、裂帛《れっぱく》の奇声を上げ続ける。感服するほかはない。指導するときの伊藤師はあくまでも穏やかであった。それが、琵琶を持ったときと木刀を持ったときは人が変わる。

持ったときが、すべてが終わったとき——。それぐらいアクションは速く、激しく、時間の流れを忘れるほど美しい。まさに「正・速・美」の流れである。特に、木刀を自顕流独特の構えにとったときの姿の上品さは、これが本当に人の命を絶ちきる剣法の構えだろうかと疑いたくなるほど美しい。が、次の瞬間に繰り広げられる続け打ちは、おぞましいほど激しい。見ていてゾッとする。

社会人としての生活にも慣れ、再び稽古らしい稽古を少しずつ行えるようになってきた矢先、思わぬことが私を襲った。

一生稽古の途上で

突如、膝の関節、ちょうど膝の皿の上部あたりに激痛が走った。関節が途中で引っかかってしまって、コキッといわないと伸ばせないのではないかというような感覚であった。あまりの痛さに脂汗をかくほどで、仕事にも差し障りが出てきそうだったので病院へ行った。レントゲンを撮ったが、関節付近の骨には異状がなく、鎮痛剤と、鎮痛効果のある湿布薬を常用する日が始まった。

しかし痛みはひかず、関節も熱を帯びて熱くなっている有様だった。とうてい稽古どころではなく、薩摩琵琶を弾くには正坐をしなければならないのであるが、それもかなわなかった。仕事へは車で通勤していたが、アクセルを踏む右足の膝が痛いため、右手で膝をさすりながら運転をする始末であった。病院を数軒回ったが、いずれも同じ結果で、この煩わしい痛みは結局、数年間も続いた。この間に私の精神は焦燥とあきらめの繰り返しであった。だが、不思議と絶望感はなかった。骨に異状がない以上、膝を酷使せずいたわることに専念した。

そんな頃の私を、薩摩琵琶の川野師、自顕流の伊藤師は黙って見守ってくれていたのだと思う。

「あまり無理をせんようにな。ゆっくいとやればよかから」

「琵琶は一生稽古ですからね」

これらの言葉が、どれだけ私に希望を与えて下さったか。

幸い、鹿児島は天然温泉の宝庫である。町中にあるすべての銭湯が温泉であるといっても過言ではあるまい。私の住む町にも家の近くに天然温泉があった。最後の頼みの綱はこれしかない。まさに藁にもすがる思いで通った。

結局、膝の痛みは毎日の温泉通いと「できるだけ稽古をしないこと」によって完全に治ってしまった。この点、特に温泉は鹿児島ならではの治療法であり、自分にとってこれほどありがたいことはなかった。そして再び稽古に通うことができるようになった。

　ところが、膝の故障と、その間の焦燥感の蓄積によって、どうやら自分の怠惰な心を誘発されたようであった。気がつくと、かつての木刀を握りたい、琵琶を所有したいと熱望していた頃のハングリーな気持ちは、どこにもなかった。元々、琵琶も自顕流も、段位階級制度は存在しないし、今も、基本的には存在しない。琵琶は、五百年前の日新公の教えを連綿と語り伝えて、今ここにある。自顕流は人が斬れるか斬れないか、それがすべてであった。これは、修行するものにとっては辛く、苦しいものである。

　なぜなら、目標とするものがないからである。どれくらい腕が進んだか、確認する物差しがない。故に、一生稽古といわれる。そこには、他と対峙するものながら他を意識せず、自己との戦いに打ち克ってこそ他への対峙を終わらせることができる、という哲学が一貫していた。

　ひとたびこの道を目指し始めたものは、自己の生命が尽きるまで、その流れを終えることはできない。たとえ、途中で挫折してもである。一度でもその道を志したという事実がある以上、そして、その気持ちが真剣であればあっただけ、挫折感は一生ついて回ることとなる。

一生涯を鹿児島に捧げると決めた以上、これから先の人生に挫折感を背負って生きていくことはまっぴらごめんであった。膝の故障から一度は萎えかけた気力だったが、今ではそれもいい修行だったのだと思う。怠惰な心を克服した先には、確かに死ぬまで終わることのない道が開けていた。が、無理に気負うことなく、以前より自然体でその道を歩き続ける覚悟を取り戻すことができた。こうして私は、小さなスランプから脱出することができたのだった。

以来、今日に至るまで、私は自顕流の「一生稽古」の途上にある。

日新公いろは歌に曰く、

下手そとて我とゆるすな稽古たに　つもらハ塵もやまとことの葉

弐之巻　維新を叩き上げた剣法

島津と戦った野太刀流

それにしても、なぜこれほどまでに、自顕流は知られていないのだろうか。ジゲン流といえば「示現流」。それが通り相場で、もうひとつのジゲン流があるのだ、ということさえ、ほとんどの人が知らない。

自顕流が表舞台から消えたのは、歴史の流れに翻弄されたからである。自顕流は正式名称を「野太刀自顕流」といい、通称「薬丸流」と呼ぶ。野太刀とは長い刀のことで、「薬丸」はこの剣法を代々伝えた家名だ。

その歴史は古く、約一千年にも及ぶ。始祖は伴兼行《とものかねゆき》とされ、当初は「野太刀の業《わざ》」または「野太刀流」といった。伴家はもともと大伴家で、朝廷の武官として隆盛を極めていたが、新興の藤原氏などの勢力に押され、平安時代に伴家と改姓した。

兼行は安和《あんな》元（九六八）年、冷泉《れいぜい》帝の御代に薩摩総追捕使《そうついぶし》として薩摩国鹿児島郡神食《かみしき》村（現鹿児島市下伊敷町妙谷寺跡）に着任した。これが、薩摩に野太刀自顕流が根付く最初の一歩ということになる。そして、兼行の曾孫兼貞が、弁済使《べんざいし》として大隅国肝付《きもつき》郡（現肝属《きもつき》郡）に移住し、高山《こうやま》に築いた城を居城として、肝付姓を名乗るようになったという。

その後、数代を経た肝付家の子孫の弟が薬丸姓を名乗り、肝付家家老となって、曾於《そお》郡大崎に城を構え、本家である肝付家を支えながら、大隅地方を制圧していった。この薬丸家も、本家の伝承する野太刀流の達人であったという。

ちなみに、島津家は初代忠久が薩摩国の守護職に任ぜられて以来、代々薩摩国を治めていたが、大隅国の肝付家とは、四百年近く覇権を競い合う敵同士だった。いわば、私が修行している野太刀自顕流は、私の祖先の敵の剣法だったのだから、歴史の巡り合わせというのは、不思議なものである。

島津と肝付の争いに終止符を打ったのは、第十五代貴久と第十六代義久である。島津は倒した敵を根絶やしにするのではなく、ことごとく家臣団に加えて手厚くもてなすのを得意としていた。戦いに敗れた肝付家と薬丸家も島津家の家臣となる。
島津家の家臣になったのは、薬丸壱岐守《いきのかみ》といい、その父・薬丸弾正《だんじょう》は、島津家との戦いで戦死している。

伴兼行が鹿児島にもたらした野太刀流は、長い戦乱の中、薬丸家に代々、伝えられていくのだが、ずっと野太刀流と称されていた。この名称に「自顕」の二文字を加え、「野太刀自顕流」としたのは、江戸時代も末期に差し掛かった頃の、薬丸兼武《かねたけ》（一七七五〜一八三五）だった。野太刀流になぜ「自顕」の二文字を加えたか。歴史をひもといてみると、交錯する示現流との関係がそこにある。

東郷重位を助けた薬丸壱岐守

ここで示現流の歴史を遡ってみよう。祖は、東郷藤兵衛《とうべえ》肥前守重位《ちゅうい》（一五六一〜一六四三）。彼はもともとタイ捨《しゃ》流だったが、天正十五（一五八七）年、義久に従い上洛したとき、曹洞宗天寧寺《てんねいじ》の善吉《ぜんきち》和尚と出会い、実戦最強の秘剣を学んだ。半年あまりでその技のすべてを習得したという。善吉和尚が伝授したのが「天真正《てんしんしょう》自顕流」といい、もともとは常陸の神道流から分派したものだったらしい。

つまり、ちょっとややこしい解説を加えると、もともと「自顕」という字を使っていたのは「示現流」であり、これに対してわが「野太刀自顕流」の源流は、前述の通り、「自顕」の二文字がない「野太刀流」だったのである。

それはさておき、重位は、薩摩に帰国後、その技を極め、慶長九（一六〇四）年、第十八代島津家久の師範だった、タイ捨流の東新之丞との立ち合いに勝ち、藩の武術師範を任されるようになる。重位の伝える「自顕流」は薩摩藩の御留流として栄えたのだ。

だが、藩主・島津家久の命により、「示現流」と改名する。

ちなみに、一般によく間違いを起こしがちであるが、薩摩藩というのは、関ヶ原の合戦が終わり、徳川幕府が成立してからである。よって、薩摩藩主の肩書きが用いられるのは、第十八代家久からである。この家久が、参謀だった臨済宗大竜寺の文之《ぶんし》和尚に命じて流儀名を考案させた。そのときに、法華経の『観世《かんぜ》音菩《おんぼ》薩普《さつふ》門品《もんぼん》』第二十五経文の中にある「示現神通力」から連想したという（詳細は、『示現流　薩摩の武芸』に詳しい）。

この示現流に、野太刀流の宗家で、壱岐守の孫・薬丸兼陳が入門したことから、「示現流」と「野太刀流」の混同を招くようになる。

兼陳は「野太刀流」の達人であった。それがわざわざ「示現流」に入門したのは、東郷家との縁である。

東郷重位は、天正六（一五七八）年、十八歳の時に、日向高城《たかじよう》の戦いで初陣を飾った。この時、兼陳の祖父・薬丸壱岐守に大いに助けてもらい武勲を立てたという。その恩義に報いたいという重位の真心から出た思いが、恩人の孫である兼陳を、剣の達人に育て上げることだったのではないか。当時、東郷家と薬丸家は隣り合っていたともいう。またさらに、兼陳は、重位の子・重方と同年齢だった。このように、さまざまな事情が絡み合って、兼陳は示現流に入門したものと思われる。

兼陳は、示現流でも頭角を現し、重位の五高弟の一人に数えられた。技にも気合にも優れ、兼陳が稽古すると、

「肥前焼きの茶碗は声の響きに応じて破れけり」

と伝えられ、茶碗が壊れないように伏せておいたと言われる。

とはいえ、薬丸家の野太刀流が途絶えてしまったわけではない。兼陳以降も、兼福《かねとみ》、兼慶《かねよし》、兼雄《かねたか》、兼中《かねなか》、兼富《かねとみ》と薬丸家は代々、示現流の中核を占める一方で、家伝として野太刀流を密かに伝えていった。

ところが兼富の子、兼武は、示現流の門弟にはならず、野太刀流のみを修行したのである。その猛修練は、真夏には宵から夜明けまで続き、冬には鶏の鳴き声と同時に道場に立った。稽古中の音と掛け声は凄まじく、「薬丸どんの筋を通るときは身の毛がよだつ」とまで言われたらしい。

その結果、素晴らしい上達を遂げた兼武のもとへ、続々と道場破りが現れたが、これをことごとく破って剣聖とうたわれるようになり、兼武は野太刀流の改名を思い立つ。そして、「野太刀流」という名称に、示現流が改名する前に使用していた「自顕」の二文字を加え、「野太刀自顕流」とした。

これでいよいよ「示現流」と「野太刀自顕流」はどちらがどうだか、わかりにくくなってしまう。

示現流の東郷家や薩摩藩とのトラブルも発生し、兼武は屋久島に流され、そこで生涯を終える。

だが、野太刀自顕流は死なない。多数の門弟が、幕末の動乱の中で、野太刀自顕流の威力を実証し続けたからだ。城下侍が学ぶ藩公認の示現流に対して、野太刀自顕流は、下級武士が有事に備えて密かに習得する、もうひとつのジゲン流として、根強いニーズがあったのである。

兼武の没後、その子、兼義《かねよし》が、野太刀自顕流の師範家として藩のお墨付きを得たのは、藩がその効力を無視できなかったからだろう。鹿児島では今でも、

「明治維新は薬丸流が叩き上げた」

と言われるほど、幕末期、野太刀自顕流の活躍は著しい。

以下、野太刀自顕流が関わった、歴史上の数々の事変をご紹介する。ただし、紙幅に限りがあり、野太刀自顕流の歴史のひと摑みでしかないことをご理解いただきたい。また、これから記すことは、わが加治木島津家に伝わる話と、古老や現在、舎の中で言い

伝えられている話を中心に展開していく。従って、一般に史実として確認されていないものもあえて記すことをご容赦いただきたい。

秀吉の九州征伐と島津家

野太刀自顕流がその名を歴史上に大きく現すのは、主に幕末であるが、そのプロローグとして、当家に伝わる豊臣秀吉に関する話をしておこう。

秀吉と島津家とのつながりは複雑かつ濃密である。現在、鹿児島県と宮崎県のちょうど境目にえびの市という所がある。元亀三（一五七二）年、このあたり（日向国）を治めていた伊東義祐《よしすけ》と島津義弘との間で繰り広げられた戦い、九州の桶狭間ともいわれる「木崎原《きざきばる》合戦」で、島津は伊東を打ち破る。この敗北で一気に衰退した伊東勢は、大友宗麟を頼っていく。

一方、島津は勢いを駆って北上、それに危機感を抱いた宗麟は、島津に奪い取られた日向に打って出る。これを迎え撃ったのが、天正六（一五七八）年の「耳川《みみがわ》の戦い」で、大友勢は敗走し、ここに島津が本来鎌倉幕府時代に領地とした三州（薩摩・大隅・日向）の統一が達成されたのである。

その後も、天正十二（一五八四）年に沖田畷《おきたなわて》の戦いで龍造寺隆信にも勝利し、島津勢は九州制覇へと突き進むが、ここで登場したのが秀吉だった。守勢に立たされていた宗麟が、上洛して秀吉に泣きついたのだ。

要請を受けて秀吉は、天正十五（一五八七）年、約二十万の大軍を二手に分け九州征伐へと駒を進める。この大軍が、成り上がり者の秀吉らしく、派手と贅沢を尽くしたものだった。緋縅《ひおどし》の鎧に鍬形《くわがた》を打った兜、赤地の錦の直垂《ひたたれ》。一行をきらびやかな格好に飾り立て、途中、安芸の厳島などに参詣しながら、悠々と九州入りしたのである。

これにはさすがの島津も恐れ入り、講和することにした。何しろ島津軍は寄せ集めの四万人程度だった。義久が家督を継ぎ、九州制覇に乗り出してから、実に二十年の歳月が流れたが、この九州討伐で事実上、秀吉は天下を取る。

講和は川内《せんだい》の泰平寺で行われた。剃髪した義久は、白装束に無腰で土下座したが、これを受けた秀吉の振る舞いが凄い。「是へ、是へ」。もっと近くに寄れと座を進めさせ、

「義久慇懃《いんぎん》のいたり、腰のまわり寂しき」

腰の物がなければ寂しいであろう、ほれこの刀を使いなさい、と自分の腰から大小の刀を抜き取って手ずから与えたのである。

これぞまさに秀吉流人心掌握術ではあるまいか。さっきまで敵対していた大将から近くに寄らされ、刀を与えられれば、刺すことだってできたはずだ。しかし、義久はできなかった。

義久の弟が、後に第十七代を継ぐ島津義弘である。義弘は兄が講和してもまだ、戦う気でいたらしい。しかし、これも秀吉に講和し、お茶入れなどをもらって、茶会に呼ばれたりする関係となる。秀吉はこの頃から、兄・義久に替わって弟・義弘と話をするようになる。

日本を手中に収めた秀吉の、次の狙いは、隣国・明《みん》だった。莫大な資金と労力を払って明を攻めようとした秀吉構想にはかなり無理があった、という見方が一般的だが、秀吉は〝環東シナ海帝国構想〟を持っていたのではないか。当時の東シナ海上には、イス

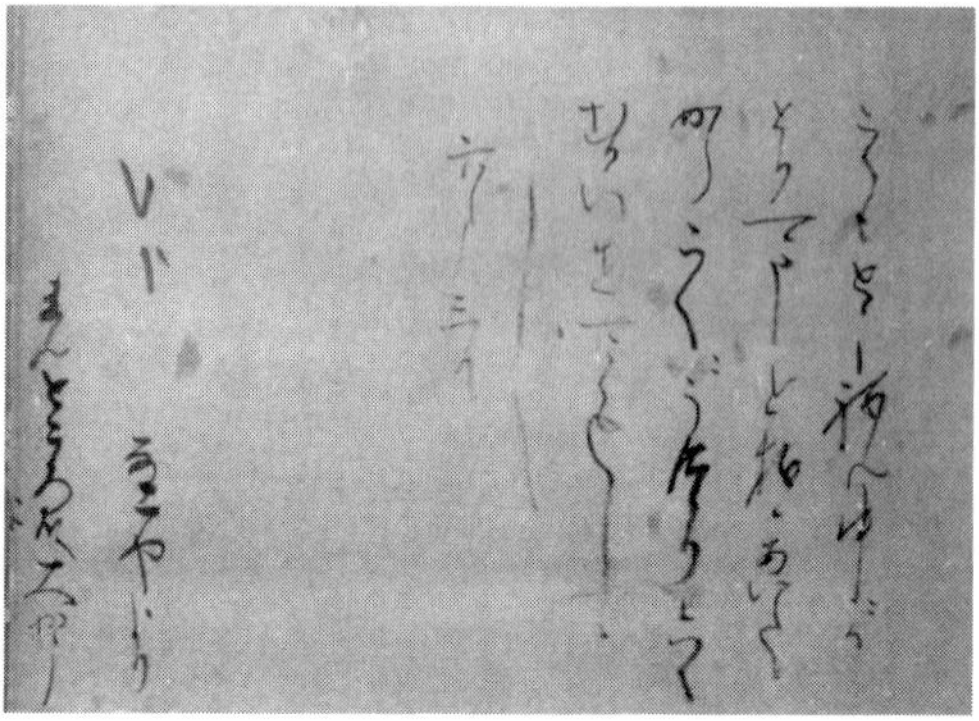
秀吉がねねに宛てた手紙

パニア、ポルトガルなどの南欧諸国が進出していた。そんな中で、秀吉は、日明貿易の拠点だった寧波《ニンポー》に座を移すことを恐らく考えていた。

当家には「まんどころ大かう」と記された、ねね宛の手紙が一通伝えられている。ある歴史学者に見てもらったら、そこには「明国を手中に入れたあかつきには、ねねにやる」と書いてあるのだそうである。戯《ざ》れ言《ごと》か、それとも本気か、判断は世の歴史学者に譲るとしよう。

ここで世にいう文禄・慶長の役が起こるのだが、二度目の派兵に当たる、慶長の役の最中に、当の秀吉が亡くなってしまう。そこで日本諸侯連合軍として派兵されていた約十四万人の大軍は泗川《しせん》の戦いをピークに撤退を始めた。当時の義弘率いる島津軍は殿《しんがり》をつとめ、全軍無事、朝鮮から脱出したことを見届けて、自分たちも撤退。帰国後、大将の義弘は薩摩へは戻らず、京都の伏見へ赴いた。天下取りのポスト争いに備えるためである。この二年後に関ヶ原の合戦は起こる。

余談だが、泗川は現在、史跡として整備されている。私は数年前にこの地を訪れ、バスで移動したが、大変な山の中で、随分遠くまで進撃したものだと感心した。真冬の一月下旬で寒かった。その上にバスが古く、なんという巡りあわせだろう、ちょうど義弘公の前線基地跡で、エンジントラブルのため動かなくなってしまった。乗客はいずれも鹿児島の人たちで、みんなでバスから降りて押したりしてみたがびくともしない。仕方なく車内へ戻り、代車が来るまで一時間以上を待った。

私は懐に天吹を忍ばせていた。昔、関ヶ原の合戦で、薩摩の侍、北原稼門之助が陣中に天吹を忘れ、取りに戻ったところを東軍に捕らえられたが、天吹を吹いたら皆感激して「おまえは生きて帰れ」と放されたという話があることから持ち歩いていたのだ。また、義弘の陣地跡で奉納の吹奏をしたかったためでもある。代車のバスが来るまでの間、私はみんなを慰めるため、急遽車内で天吹の吹奏会を催した。義弘にも聴こえただろうか。今考えると、不思議な話である。

一、関ヶ原の戦い

薩摩では毎年、この合戦の日である旧暦九月十五日に近い日曜日に、若者たちが当時と同じように甲冑に身を固め、鹿児島の町中から伊集院にある義弘公の菩提寺まで片道二十キロ以上の道のりを歩く。これが現在まで続く鹿児島の三大行事の一つ、「妙円寺《みょうえんじ》詣り」である。参加する武者行列の若者たちは「妙円寺詣りの歌」を歌いながら遠行する。この歌は大変長いものであるが、歩いているうちに覚えてしまう。歌えばそれがそのまま関ヶ原の物語となっているため、歴史の勉強にもなる。

大久保利通は、藩庁勤めの頃、城での日常業務をこなした後、妙円寺詣りに参加して夜通し歩き、翌朝そのまま何事もなかったように藩庁へ戻ったという逸話がある。

なお、歌自体の成立については、比較的新しい。作詞した池上真澄は明治十四年生まれの漢文の先生で、当時の鹿児島新聞の懸賞募集に応じて一等の当選作となったものである。また、作曲者の佐藤茂助は明治元年長野県生まれの音楽教育家で、後年は社会福祉事業の中心を担った。当時、数多くの郷土歌曲を作曲している。

中馬大蔵の涙

関ヶ原の合戦は薩摩にとって、後の明治維新にまで脈々と受け継がれていくこととなる士風の原点ともいうべき戦いであったと考える。なぜか。

関ヶ原で戦った後、薩摩に戻った侍の中に、たとえば、中馬大蔵《ちゅうまんおおくら》がいる。中馬は出水《いずみ》郷の出身で、さまざまな伝説を持つ、薩摩でいう「武《ボ》ッ気者《ケモン》」である。

関ヶ原が始まる直前、田んぼに出ていた中馬は、甲冑を身につけた侍が駆け抜けていくのを見て、関ヶ原へいざゆかんと鍬を投げ捨て走り出した。途中でへたっている足軽の鎧をはぎ取り、握り飯をほおばりながら、関ヶ原の義弘の元まで駆けつけるのである。

また、陣中で家臣が馬の肉を義弘公に差し出したところ、この中馬が横から手を出してやにわに口に入れてしまった。ビックリ仰天、どうなることやらと青い顔になった周囲を尻目に、中馬は言った。

「栄養価の高い肉は、第一線で戦う自分たち兵卒が食うべきである。大将なんかにやる必要はない」

これを聞いた義弘、笑いながら、「もっとものことだ」とこれを許したという。

この中馬には、関ヶ原の後日談として、次のような逸話も伝えられている。

関ヶ原合戦の後、江戸時代に入ると、世は泰平の時代を迎えた。薩摩は、表面では外交工作を行い、関ヶ原以前と変わらぬ所領を安堵されたが、その裏では、いつ徳川が攻めてきても応戦できるよう、密かに軍事態勢を保持していた。関ヶ原の戦いも風化することなく、若者たちが生き残りの長老のもとへ押し掛け、体験談を聞く習わしも長く受け継がれた。中馬のもとへも多くの若者が訪れたが、そんなとき中馬は必ず正装に着替えて応対し、若者たちの前に正坐をすると威儀を正し、おもむろに語り始める。

ところが、いつも、

「およそ関ヶ原というものは、……およそ関ヶ原というものは……」

と切り出した後、感極まって涙があふれ、何も語れない。何度やっても同じだった。

これを見た若者たちは、もうそれだけで関ヶ原の凄まじさに感じ入ったという話である。

薬丸壱岐守の敵中突破

さて、時は慶長五（一六〇〇）年九月十五日、関ヶ原の合戦は、天下分け目の大合戦といわれたにもかかわらず、わずか一日足らずで勝敗が決してしまった。旧暦の九月十五日といえば、濃州あたりはちょうど稲の刈り取り作業で忙しい頃である。未明、西軍の石田三成が関ヶ原入りを行い、やや遅れて東軍の大将・徳川家康が出陣命令を出し、早朝五時頃には全軍が布陣した。

後に桜田門外で薩摩の有村次左衛門に首を飛ばされる大老・井伊直弼の先祖が、ここで東軍として参陣し、井伊の赤備え約三十騎が最前線に向けて移動するさなか、発砲が起こった。福島正則が宇喜多秀家の軍に一斉射撃を仕掛けたのだ。火蓋が切られた。正午の頃、一万五千人の大軍を引き連れ、一番見通しのよい丘の上に布陣していた西軍の小早川秀秋に対し、家康が背反を促す威嚇射撃をすると、小早川勢は眼下の西軍・大谷吉継の陣めがけて駈け下り、わずか一時間で大谷軍を壊滅させた。小西行長、宇喜多らは背後の伊吹山山中へ落ち延び、石田三成も北国街道沿いに落ち延びた。

残るは島津軍、と東軍が矛を向けてきた午後三時、島津は目前に広がる徳川家康の陣に向かって突っ込んだ。これが後世に語り継がれる「敵中突破」である。

後に、義弘自らが記した「惟新《いしん》公御自記」には、義弘が十九歳で初陣デビューを飾った岩剣《いわつるぎ》の戦いから関ヶ原の合戦までが回顧録として記されているが、関ヶ原の合戦を次のように記している。


「時に慶長五年庚子九月十五日、濃州関ヶ原において合戦があり、数刻に及んで戦うも、いまだ勝負が決しなかったところ、筑前中納言（小早川秀秋）が戦場において寝返ったため、味方敗北し、伊吹山に逃げ上っていた。ここにおいて、予が旗本を見まわすに、ようやく大数二〜三百騎にすぎず、このわずかの人数では敵軍を追い退けがたく、また、引き退こうとしても、老齢（当時六十六歳）のため伊吹山の大山は越えがたい。たとえ討たるるといえども敵に向かって死すべしと思い、本道に乗り、向かう者を討ちはたし、追い散らし、一日のうちにたびたび敵の猛勢を斬り除き、伊勢、伊賀、近江、山城の辺

土をしのぎ、摂津の国住吉に着いた。」（「惟新公御自記」『島津義弘の軍功記』所収、島津修久編・訳）

　味方が次々と敗走する中でなぜ義弘が踏みとどまったのか、今となってはわからないが、陣中にてしびれを切らした家臣より「まだ腰を上げないのですか」と迫られたとき、義弘はこんな和歌を詠んだ。

「急ぐなよ　また急ぐなよ　我が心　定まる風の吹かぬ限りは」

　家臣たちがまだかまだかと暴発ぎりぎりのところまでエネルギーを貯め、今だっ！というときにいきなりの敵中突破である。家康の狼狽ぶりはさぞかしであったであろう。

　また、ここに薩摩の教えがひとつ存在することをぜひ、付け加えたい。

　義弘はまだ幼い頃、祖父日新《じっしん》公の館へ遊びに行くと、日新公からさまざまな教えを伝授された。その中に次のような言葉があったという。

「合戦にはたとえ先に負けるようなことがあっても、後のとじ目を肝要とするものなり」

すなわち、戦国の世に生まれた者にとって戦は避けられないものである。数ある戦をする中で、負けることもあるかもしれない。しかし引き際、戦後処理をしっかりしろよ、と言っているのである。まさしくこの関ヶ原で、義弘はこの教えを十分に体現したことになるのではないか。

さて、自顕流である。

この敵中突破のとき、初めて野太刀自顕流の記述が『島津義弘(弘)公記』に登場する。場所は伊賀上野城下に入ったところ。薬丸壱岐守は敵地に入りながら堂々と、

「島津兵庫頭、今過ぐ」

と大呼して通った。城兵達は門を開き、転がるように飛び出してきて攻撃を仕掛けた。しかしいっこうにひるまず壱岐守、たちまち三人斬り倒し、後は鉄砲を撃ちまくって退散させ、倒した者の首を竹竿に刺して掲げながら歩いていった。

ここでは「野太刀流」という当時の呼称で著されているが、これこそが薬丸家に伝わる後の野太刀自顕流の源であった。

二、アメリカが来た！

薩摩藩の側から歴史を見ると、激動の幕末はエキサイティング・ヒストリーである。関ヶ原の合戦が終わって二百五十年、この間薩摩は決して関ヶ原を忘れはしなかった。あのとき、京都伏見城の守りを家康の配下鳥居元忠が拒絶しなかったら、島津は東軍についていて、江戸時代はどうなっていたかわからない。しかし、往年の戦国武将、義弘の無念は、薩摩の侍たちの間に、ある種のコンプレックスとして伝えられることになる。数々の義弘にまつわるエピソードも、リベンジを誓う「妙円寺詣り」という奇習も、すべてはそこに由来している。

斉彬の国政参加

いわゆる幕末とは、正確にはいつから始まるのであろうか。おそらく歴史観によって若干の違いが生じてくると思う。私が思うところでは、やはり第二十八代島津斉彬《なりあきら》の時代、特に嘉永四（一八五一）年斉彬が薩摩守を拝命したときからと考えたい。

斉彬は藩主就任と同時に、富国強兵、殖産興業の施策をいち早く推進していった。磯の別邸に集成館という軍需工場を設ける。写真技術を始め、電信、ガス灯、光学ガラス、火薬等々、近代化へ向けての殖産興業化を精力的に図る。在位わずか七年で日本の近代化をデザインした、と評されるパワフルな施策であった。

政治的にも、日々刻々と状況が変化する目まぐるしい時代が幕を開けていた。嘉永六（一八五三）年に、アメリカ東インド艦隊司令長官ペリーが四隻の軍艦を引き連れて浦賀沖へ来航すると、日本中が蜂の巣をつついたような大騒ぎになった。しかし、薩摩は、十三年前に起こったアヘン戦争の詳細を独自のネットワークで入手し、傾向と対策の研究を進めていた。

ペリーは、アメリカ大統領の親書を手渡すと、一年後の再訪を予告して、さっさと帰ってしまったが、斉彬は、このとき、他の諸侯とともに、老中・阿部正弘から意見を求められている。これは、徳川幕府始まって以来の一大方針転換だった。

これまで二百五十年間、ほとんど諸侯に相談することなく、国政の舵取りを独占してきた幕府が、親書を翻訳して、朝廷にも報告し、さらに外様大名である斉彬にまで意見を求めてきたのだ。すでに幕府の威厳は失墜し始めていたわけである。

斉彬はそれに対し、二年間返事を遅らせて、その間に軍備を増強し打ち払えと返答した。こう書くと、単純な攘夷論のようにも聞こえるが、そうではない。斉彬は、その開明的な施策をみても分かるとおり、開国派である。

ただ、圧力に屈して開国することの、その後に与える悪影響を、アヘン戦争などから学んでいた。国力をしっかり整え、国論を統一しなければ、外国と対等に渡り合うことができず、清の二の舞になることを心配したのである。大国との交渉に翻弄され疲弊する前に、富国強兵を説いた。

さらにペリーが帰って約一ヶ月後、ロシア極東艦隊司令長官プチャーチンも、軍艦四隻を率いて、長崎に来航。結局幕府は、翌年、日米和親条約、日英和親条約、日露和親条約を立て続けに結ぶ。

しかし、幕府にとっては一難去ってまた一難。二年後の安政三（一八五六）年、米人商人ハリスが駐日総領事として下田に着任した。ハリスは一方的な日米修好通商条約の調印を幕府に求めてきたのだ。もはや、政策決定のイニシアチブを失いつつあった幕府は、朝廷の意向を伺うが、公武合体の攘夷思想であった孝明天皇の意見は「ノー」であった。幕府はもたつき、阿部に代わって老中首座となっていた堀田正睦《まさよし》はここで失脚、大老・井伊直弼に取って代わられる。

誠忠組のテロ計画と国父久光

直弼は就任直後の安政五（一八五八）年六月、勅許なしで日米修好通商条約に調印するが、これは孝明天皇の逆鱗に触れ、尊王攘夷派の志士の猛反発を招き、攘夷対開国、討幕対公武合体など、様々な対立を激化させてしまう。このような動きに対し、直弼は、安政の大獄で大弾圧を加え、橋本左内、頼三樹三郎《らいみきさぶろう》、吉田松陰といった逸材を死刑にしていく。

一方、斉彬は、安政の大獄の始まる直前に急死してしまう。次の第二十九代藩主には、斉彬の弟・久光の子、忠義が就任。そして久光は、藩主の父＝国父という立場で、兄斉彬の遺志を受け継ぎ、中央政界に打って出る機会をうかがっていた。

　しかし、世の中は幕府に対する不信感を強める一方だった。薩摩藩の若者たちの中には、もはや公武合体など手ぬるいと尊皇攘夷、討幕を唱えるものまで出てきた。

　その中には、薩摩にいて、中央政界の動きを見守っていた、大久保一蔵（後の利通）、西郷従道、大山綱良、有村俊斎《しゅんさい》（海江田信義）、伊地知正治、税所《さいしょ》篤など、後に新政府の中心的存在となるメンバーがいた。西郷、大山、有村、伊地知は野太刀自顕流の門人である。彼らの目的は、薩摩藩を脱藩し、激化する安政の大獄の元凶、大老井伊を斬り、京都所司代の酒井忠義《ただあき》を倒そうというテロであった。

　安政六（一八五九）年、久光はこの過激な計画を知り、「精忠士の面々へ」としたためた諭書《ゆしょ》を藩主・忠義に直筆で書かせ、大久保たちに手渡した。ここで注目すべきは、「万一大きな動きがあったときは斉彬公の遺志を受け継ぎ、国家（藩）を以て天皇を守り抜くこと。各有志は心して国家（藩）の中心に立ち、薩摩藩を助け国名を汚さず誠忠に尽くすことを頼みます」

　と記してあることだ。この諭書は、ゲリラを企てる若者たちを抑えるために出された薩摩藩の公式文書としては、奇異に感じるものである。

しかし、この文書をもって若者たちは「誠忠組」を名乗り、テロの中止と、藩主父子から直接書状を賜った感激に対して、忠義を尽くすことを誓ったのである。大久保はこの後、江戸に残る同志に過激行動を思いとどまるよう説得しに行こうとするが、それまでの過激さが祟ったのか、藩がなかなか出国を許可しなかった。

三、桜田門外の変

薩摩の過激な「誠忠組」が、国父久光、藩主忠義たちとともに、上洛の機会をうかがっているうちに、世情はどんどん悪化していった。薩摩藩に対しては、京都の朝廷を守るための派兵を求める声が、藩内外から高まりつつあったが、藩を挙げての出兵の条件に満たないことを理由に、久光はこの要求を拒否し続けた。

そうこうしているうちに桜田門外の変が起こった。

二百六十年ぶりの雪辱

薩摩藩内にいた、大久保利通、有馬新七らを中心とする「誠忠組」の多くは、久光からの諭書で暴挙を思いとどまったが、弾圧を目の当たりにしていた江戸在留の有村雄助、次左衛門兄弟は脱藩を図り、水戸学の薫陶を受けた水戸脱藩者と関わるようになった。

万延元（一八六〇）年三月三日、降りしきる雪の中、有村次左衛門は水戸浪士十七名と愛宕山下に集結し、桜田門へ向かった。五ツ半（午前九時）、小大名行列並みの七十名程度の供を連れて駕籠で出勤する井伊を、水戸浪士・稲田重蔵の初太刀が襲った。二の太刀を佐野竹之介が加え、そして有村が駕籠の扉を破って井伊を引きずり出し、一刀のもとに首を切り落とした。野太刀自顕流である。有村はこの首を剣先に刺し、遠藤但馬守の辻番所へ向かった。

途中、井伊の家臣、小河原秀之丞が有村の背後から一刀を浴びせた。その直後、有村に同伴していた水戸藩の広岡子之次郎《ねのじろう》が小河原を斬り捨てたが、すでに有村は歩けず、周りに介錯を頼んだ。しかし応じる者なく、死力を振り絞った有村は、井伊の首を傍らに置き、辞世の和歌をしたためて、切腹し果てた。享年二十二であった。

これが桜田門外の変の顚末である。

有村がこのとき残した和歌は、今日まで野太刀自顕流の真髄を表したものとたたえられ伝えられてきている。

岩がねも砕かざらめやもののふが　国の為にと思ひ切る太刀

蛇足ながら付け加えれば、薩摩としては、関ヶ原の合戦の雪辱の一部をここで果たしたことにもなる。つまり、敵中突破して危機を脱しようとしたとき、井伊の部隊が執拗に攻撃してきたことに対する落とし前である。

四、寺田屋の悲劇

「寺田屋事件」は、よく「池田屋事件」と間違われる。寺田屋と池田屋、一文字違いでまぎらわしいうえ、寺田屋事件の四年後に坂本龍馬が同じ寺田屋で刺客に襲われたりもしているので、いろいろと混同しやすい。

池田屋事件は、元治元（一八六四）年、尊攘派の長州藩士らが京都三条小橋の旅宿・池田屋に集結、会合中のところ、京都見廻りの新撰組に襲撃され、多数死傷した事件だ。

当初開国派であった長州藩は、文久二（一八六二）年、思想転換して攘夷論を唱えるようになり、各地の攘夷派と結んで朝廷に働きかけた。これを後ろ盾とした朝廷が幕府に攘夷を迫った結果、翌文久三（一八六三）年、五月十日をもって攘夷決行の通達が諸藩に出され、長州藩は下関海峡を通過する異国船に砲撃を仕掛ける。

一方、薩摩は、公武合体を推進するために、幕府や会津藩などと結び、八月十八日、突如、御前会議を開いて、三条実美ら七人の尊攘派公卿を罷免し、朝廷から長州派の勢力を一掃した。いわゆる〝七卿落ち〟である。

長州がこの「八月十八日の政変」にリベンジを企てた会合の場で起きたのが、池田屋事件だった。これが引き金となって、長州藩兵は大挙して上洛し、幕府と薩摩は御所蛤御門《はまぐりごもん》でこれを迎え撃つ。この「禁門の変」により、尊攘派は久坂玄瑞《くさかげんずい》、真木和泉《まきいずみ》らを失って、大きな打撃を受けることになる。

さて、寺田屋事件だが、こちらは新撰組は一切関係なく、薩摩藩士同士が斬り合った悲劇だ。しかも、やったほうもやられたほうも、ほとんどが野太刀自顕流宗家薬丸兼義の門弟だったという。では、なぜそんなことが起こったのか、順を追って記してみる。

大久保の大ばくち

万延元（一八六〇）年、桜田門外の変が起こったことで、誠忠組の大久保は久光公に対し、先の諭書の通り、一大事変が起こったから兵を挙げて上京するよう促す。しかし久光は、桜田門外の変が公的な事件ではなく、一介の浪士たちによる暴動であり、幕府ないし朝廷からの正式通告がないことから迂闊には動けないとして応じなかった。あわせて、諭書を無視して軽はずみな行動に出た有村兄弟の非を責めた。

もっとも、久光としても、心中はタイミング待ちであったろう。諭書で「いざというときには挙兵するから誠忠組にも協力してほしい、そのときまでは待ってくれ」と確約した手前もある。野球で言えば、最終回2アウト満塁、2ストライク3ボール、次の一球にストライクが来たら打つしかないという、チャンスでもあり、一つ間違えばゲームセットという、瀬戸際にいたとも言える。

久光がきっかけを待つ間に、今度は老中・安藤信正が、またしても水戸浪士らに襲撃されて負傷するという事件が起こる。文久二年の坂下門外の変である。安政の大獄などで志士を弾圧した井伊直弼と違い、皇女和宮《かずのみや》降嫁によって公武合体を進め、国内の騒然とした雰囲気を融和させようとしていた安藤まで襲われたのである。

久光の東上は、このような、幕府の屋台骨が音を立てて崩れ始めていた最中に実現することになる。そして、その準備のために、大島に流していた西郷隆盛を召還する。

きっかけは、大久保の大ばくちだった。桜田門外の変が起きたとき、藩主の忠義は、参勤の途中にあったのだが、事変勃発を理由に、薩摩に引き返していた。以来、幕府からは参勤の催促を受けていた。

参勤猶予を勝ち取るための大ばくちが、江戸の芝にある、薩摩藩邸を自分たちで焼いてしまうことだった。これにより、幕府から藩邸造営費の貸与があり、さらに藩主忠義の参勤を猶予された。そのお礼を名目として、久光が東上することになるのである。

薩摩藩邸の焼き討ちといえば、幕末の最後の最後、慶応三（一八六七）年十二月の、幕府兵によるものが有名だが、参勤猶予と久光東上のために、大久保がこのような大ばくちを打っていたとは、ほとんど知られていないのではないか。

この辺の事情は、尚古集成館の館長を務められ、薩摩史の第一人者である芳即正《かんばしのりまさ》氏の『島津久光と明治維新』で、非常に詳しく触れられている。

いよいよ久光東上と決まり、準備が着々と進む中、西郷が大島から戻ってくるのだが、なんと西郷は、東上延期を言い出したのだ。困った久光は、一度決めた東上の出発日を延期するなど、久光と西郷との間で、意見の対立が起こってしまったという。

そんな状況下で、西郷は、久光を「御前は地ゴロ（田舎者）だから政治上のコーディネーションは無理だ」とまでなじったという話は有名であろう。

仲介に入った大久保は相当困ったようだが、なんとか取りなし、文久二年三月、西郷を先発させた。

自顕流の門人同士の激突

様々な紆余曲折を経て、いよいよ久光は東上する。兵を整え、大砲、小銃百挺を荷造りして行列、上京するという前代未聞のパフォーマンスを演じ、亡き兄、斉彬の主張した公武合体を幕府に対し、脅しをもって説得する意図であった。

ところが、江戸にいる誠忠組の過激派分子達は、この知らせを聞き、待ちに待った挙兵と思い込み、この機に乗じて〝テロ〟を敢行しようとする。京都で佐幕派の関白・九条尚忠《ひさただ》と所司代・酒井忠義を斬ろうというものだった。彼らは、久光の真意を知り失望するが、テロを決行すべく京坂に集結する。文久二年四月二十三日のことである。

すでに上京していた久光は、この動きを察知し、その日の夜、鎮撫使を結成させ、説得に向かわせる。もし抵抗が激しく説得できないようであれば、臨機の処置もやむなし、との命だった。

鎮撫使に選ばれたのは、奈良原喜八郎、大山綱良、江夏仲左衛門、森岡善助、鈴木勇右衛門、鈴木昌之助、道島五郎兵衛、山口金之進、上床《うわとこ》源介の九名で、いずれも有馬新七ら過激派と親しく、また、そのほとんどが野太刀自顕流の使い手であった。

鎮撫使が寺田屋へ到着したとき、有馬ら一行は、まさしく今出撃しようとするところであった。話し合いは平行線をたどってらちが明かず、やがて業を煮やした鎮撫使の一人、道島が「上意」と叫んで田中謙介を斬った。その道島に有馬が斬りかかったが、有馬の刀は折れてしまい、やむなく有馬は道島を身体ごと壁に押しつけ、そばにいた橋口吉之丞に「おいごと刺せ！」と叫ぶ、橋口は文字通り二人を串刺しにする。

この凄惨な鎮撫という悲劇により、最初、説得の場（一階）にいた有馬新七、柴山愛次郎、橋口壮助の三名は死亡。二階から駆けつけた西田直五郎、弟子丸《でしまる》龍助は即死、田中謙介、橋口伝蔵、森山新五左衛門は重傷で済んだものの、切腹を仰せつけられた。残る山本四郎も自刃し、合計九名の者が命を落とした。後に西郷隆盛は、この九名の志士を墓標の文字に刻んだ。彼らは今、かつての戦国の武将、島津家第十七代義弘が寄進して建立された、京都伏見の大黒寺境内に眠っている。

寺田屋騒動の一件は、薩摩藩士の同士討ちで、上意討ちであったといわれてきたが、久光の書簡によると、近衛忠煕《ただひろ》公を通じて天皇より久光に鎮撫の勅命があったことが最近わかってきている（前出『島津久光と明治維新』より）。

いずれにせよ、自分の藩の過激分子を自らの手で鎮撫した寺田屋事件により、久光は朝廷の信頼を勝ち取り、京都に滞在して動くきっかけとなった意義は大きい。

また、前章で記したように、加治木青雲舎の古老は、

「寺田屋で有馬新七ら神影流の使い手は、飛び上がって剣を振りかざしたため、屋敷の天井に突き刺さってしまい、そこを野太刀自顕流の人たちに斬られた。それまで青雲舎では神影流を稽古していたが、これを機に、曽木家、白尾家の者が鹿児島まで野太刀自顕流を習いに通った」

と話している。

現在、加治木の青雲舎道場入り口には「慶応二年丙寅」と刻まれた石柱が埋め込まれている。おそらく曽木、白尾両翁が鹿児島市内まで習いに行った後、加治木で自顕流道場を立ち上げた年ではないかと想像する。

五、生麦事件

久光は寺田屋事件の一件から、急速に公武合体を推進すべく、勅命を持って幕政改革のため江戸へ向かった。おおむね勅命通り、一橋慶喜を将軍後見職に、越前藩主・松平

慶永《よしなが》を政事総裁職に就かせることができたため、文久二（一八六二）年八月二十一日、京都へ戻ろうとしたときに生麦事件が起きた。

馬上の相手を一刀両断

久光の行列が横浜の生麦村に差しかかった午後二時頃、上海在住のイギリス商人リチャードソンら一行四名が馬に乗ったまま、この行列を横切ろうとした。観光旅行の途中だった彼らは、川崎大師へ行こうとするところで、日本のマナーをよく理解していなかったため、下馬せずに大名行列とかち合ってしまったのだ。

かち合った相手が悪かった。供頭《ともがしら》を勤めていた奈良原喜左衛門は、野太刀自顕流の使い手であった。割り込む形となって馬が暴れ出したリチャードソンを、即座にひと抜きで斬り上げた。他の藩士たちも他のイギリス人に斬りかかる。リチャードソンは、斬られた後、腹部から臓物を落としながら逃げ、しばらく行って落馬した。

その後、有村俊斎が、約八百メートルを自顕流独特の「掛かり」で走って追いかけ、落馬したところを見届けて、もはや命は助からないと見てとどめを刺したという。

残る二人のイギリス人男性も負傷し、無傷で逃げられたのは女性一人であった。

ここで世の歴史小説では触れられていない事実を一言申し添えるべきであろう。それは、なぜ供頭という歩行組の侍が、馬上二メートルほどの高さに位置するリチャードソンを斬ることができたのか、という点である。リチャードソンの検死結果を見ると、左腹部の裂傷が確認できる。馬上の、しかも暴れ出している馬に乗った人物は、奈良原の視点から見れば頭上に位置する。

自顕流には即座の対処法として、一閃必殺の「抜き」技が伝えられている。たとえば、市中において左の肩越しにすれ違った瞬間、一閃された刀は、相手の股間から右肩上がりに頸部を通って抜き上げられた後、素早く元の鞘に収まって、すれ違って行く。端で見ていると、一方の人は何事もなかったようにすれ違って行くのに、他方の人が崩れ落ちるように倒れるので、何があったか理解できないはずだ。

奈良原はおそらくこの技を用いて、リチャードソンの左側に立つ位置で抜きを放ったのであろう。馬上で動いている相手に対し「臓物を落とす」ほどのダメージを与えるのは、この技を以て対処したとしか考えられない。

この事件の直後、久光一行は何事もなかったように通過していったという。しかし、これが発端となり、翌年、イギリス政府は八隻の艦隊を伴って押し寄せ、幕府から賠償金を巻き上げ、薩摩にも賠償金を要求してくる。

生麦事件を発端に、薩英戦争が勃発するわけだが、薩英戦争には、直接、自顕流の出る幕はないため、ここでは触れないでおく。

私は、夏の暑い日、実際に生麦を訪れてみた。生麦は旧東海道沿いの村で、現在は住宅が密集しているが、当時の道沿いに現場検証することができた。現在の生麦小学校の近くにある葬儀屋の前あたりが事件発生地、すなわち奈良原がリチャードソンに抜きの一太刀を浴びせたところである。

そこから四〜五百メートルの距離をリチャードソンは馬に乗ったまま逃げ、鶴見産業道路との交差点を過ぎた先の材木屋あたりで内臓の一部を落としながらも、なお逃げ続けて、第一京浜国道と貨物線路が交差するあたりで落馬すると、周りの村民に「水をくれ」と頼んだ。そこへ有村が追いかけてきてとどめを刺したのである。近くの「生麦事件参考館」という私設博物館の館長・浅海武夫氏の話では、この間約八百メートルであるという。私も実際に走ってみたが、夏の暑い最中、息が切れてしまった。あらためて有村の気迫は凄いものよと妙な感心をせざるを得なかった。

六、自顕流の群雄

以上、関ヶ原の戦いを起点として幕末にフォーカスを当て、薩摩の動きと野太刀自顕流の働きを主なものに絞ってご紹介した。

この中に、中村半次郎、後の桐野利秋の名が出てこないことをいぶかしむ読者もおられるかもしれない。人斬り半次郎を入り口に「ジゲン流」に関心を抱いた私としても意外だったのだが、実は半次郎が直接に手を下したと断定できる暗殺や事件はほとんどないのである。ただ、「野太刀自顕流研修会」の書物には、倒幕で沸き返る京都における一こまとして、次のようなエピソードが記されている。

〝人斬り〟半次郎の少年時代

風雲急を告げる京都四条小路、ある茶屋に、絣の着物を着た武士が一人、やって来た。腰には朱鞘の大刀を差し威風堂々としたその若者が、注文した茶をおいしそうに飲み干し、勘定を済ませ立ち去ろうとしたそのとき、彼の後をつけるようにして席に腰を下ろしていた武士が立ち上がり、切りかかろうとした。ところが、絣の着物の武士がわずかに動いたと見えた次の瞬間、切りかかった武士は軽いうめき声を残して崩れ落ち血に染まっていた。役人が来て死体を調べたところ、右脇腹から斜め左上方に斬り上げられていた。死んだ武士は京都所司代の配下の者で、絣の着物の男こそ、中村半次郎だったという。

また、半次郎の少年時代を描くこんな話も記されている。

半次郎が、江夏仲左衛門に師事し野太刀自顕流を修行していた頃、別の道場で野太刀自顕流を学ぶ三人の青年にからまれて、橋の上から川へ投げ込まれた。三人は翌日も同じ橋の上で待ち伏せしていて、半次郎を投げ落とした。その翌日も三人は橋に集まり、「今日はもう来ないだろう」と話していると、半次郎が平然とやって来てこう言った。

「同じ修練に励んでいる者が、いわれのない私闘をするのは損ではないか。仲直りをしよう」

これで双方打ち解けて、おおいに親交を深めたという。後に戦乱の京都で最後まで生き抜き、西南戦争では実質的に薩軍を主導したとされる男にふさわしく、〝人斬り〟と言うよりは参謀タイプの人だったかもしれない。

「姉小路公知暗殺事件」の謎

実行犯として突出していたのは、半次郎よりもむしろ、田中新兵衛だったろう。新兵衛は町人だったが、野太刀自顕流をよくし、その義気と勇壮果敢は、大久保利通らの高い評価を得ていた。

彼が一躍有名になったのは、京に上り、文久二（一八六二）年、九条家の家士島田左近を斬ってからだった。志士たちを追い込む左近は、尊皇攘夷派にとって憎悪の的。これを斬るべく新兵衛は、二人の侍とともに、鴨川べりの左近の妾宅を襲った。気づいた左近は脱兎のごとく逃げ出したが、新兵衛が追いつき、一太刀に斬り捨てたのである。

後日、有村俊斎が同行の二人は何をしていたのかと問うと、新兵衛は答えた。

「お侍さんは、足が遅うございます」

また、岡田以蔵と一緒に、越後浪人の本間精一郎を斬ったときも、新兵衛の勇名が轟いた。土佐の人斬りと恐れられた以蔵が斬りはずしたのを、新兵衛の野太刀自顕流が一閃、見事に仕留めたからである。

ほかにも、京都東番所の与力四人を暗殺するなど、新兵衛は多くの天誅事件に加わり、狙った獲物ははずさない剣豪ぶりだった。

その最後となった「姉小路公知《あねがこうじきんとも》暗殺事件」の真相は不明のままだ。文久三（一八六三）年、姉小路公知卿が京都御所のすぐそばで三名の刺客に襲われた事件である。姉小路は尊攘派だったが、勝海舟の海防論に影響を受け、態度を軟化させたことで尊攘論者の怒りを買っていた。目撃者はなかったが、現場に残された刀が新兵衛のものであった。

町奉行の取調べを受けた新兵衛は、

「確かに自分の刀だが、自分は事件には関係していない。まったく知らぬ」

と言うや否や、突然脇差を抜いて腹一文字に掻き切り、壮烈な自刃を遂げた。

事件の前夜、新兵衛は妓楼で遊んでいたところ、不覚にも刀をすり替えられた、と友人に悔しそうに話していた、という話も残っており、謎に包まれた哀しい最期であった。

西郷の護衛役・大山綱良の凄腕

西郷隆盛の護衛役や相談役として活躍した大山綱良にも、凄腕の逸話が多く残る。

あるとき、西郷は会見した水戸藩の藤田東湖に対し、同伴していた大山を剣の達人であると紹介した。自身も神道無念流の達人だった藤田は、これを聞いて斡旋し、大山は、神道無念流の斎藤塾で試合をすることになった。当日、大山は小太刀を一本携えたほかに防具を一切着けていなかった。相手は塾頭で、防具を着け竹刀を持って出てきた。

大山は立ち上がるや否や、目にも止まらぬ早業で塾頭を打った。悔し紛れに塾頭が、あまり打ち込みが早過ぎたのでもう一度試合をしてくれ、と言うと、大山はニヤリと笑って答えたという。

「この道場では、亡者が試合をするのか」

実戦なら、おまえはすでに死んでいるではないか、と言いたかったのだろう。実戦主義の野太刀自顕流を極めた男らしい一言である。

大山は幼年時代より、「野太刀自顕流」の命名者である薬丸兼武に師事し、高弟となった。他の追随を許さない剣の腕だけでなく、豪邁で胆力人に優れ、二歳下の西郷とは早くから肝胆相照らし、信頼しあう仲であった。

西南の役の勇将、辺見《へんみ》十郎太は、猛烈な酒乱で、何か気に入らぬことがあると大酒を食らって暴れまわった挙句、大刀を引き抜き畳に突き刺した。誰がなだめてもこれを制止することはできなかったが、大山が顔を出して、

「ないごつじゃろかい」

と言うと、猛虎のようだった辺見がいきなり猫のようにおとなしくなったという。

有村俊斎、後の海江田信義も大山に圧倒されたクチで、試合に二度負けて、自顕流門下生になった経緯がある。槍術の名手と言われた有村は、各道場に試合を申し込み連戦連勝、最後に自顕流の薬丸家に挑んだ。薬丸家では他流試合を禁じていたが、これを断れば敬遠したものと言われるのを考慮のうえ、応ずることとし、薬丸兼武の長子、兼義は大山に試合を任せた。

当日、兼義は道場には出ずに自宅の居間に座っていた。相手の有村があまりにも高名な槍の名手だったので、心配のあまり思わず立ち上がり縁側に出たが、はしたないと思い直して席に戻った。そのとき、道場で「エイッ！」と裂帛の気合がかかり、それを聞いた兼義は、傍らに置いてあった煙草盆の中の灰吹を煙管《きせる》でカツカツと叩いた。機嫌のよいときの仕草であった。大山が勝ったのである。

敗れた有村は、猛練習を積んで雪辱してみせると言い残し帰って行った。そして、甲突《こうつき》川の水の中に入るなどして槍突きの修行を重ね、三年後に再び、大山と相まみえたのだが、やはり勝てなかった。そこで有村は「確かに負けました」と言って、薬丸家の門弟になったのである。

さすがに世に名を轟かせた槍の名人だけあって、自顕流でも間もなく達人となった有村は、後に子爵枢密顧問官にまで出世している。

倒幕への流れを決定付けた天王山、鳥羽・伏見の戦いにおいても、自顕流の門下生たちはおおいに活躍した。総大将格の西郷を補佐する参謀を務めた伊地知正治もそうだ。

片目が弱視で片足が不自由だった彼が自顕流を始めたとき、人々はいつまで続くかと笑っていたそうだが、遂に修行をやり遂げた。鉄砲戦術を重視する合伝流兵学を修め、天才的な戦術家として評価される彼の中にも、自顕流の精神は脈々と流れていたのである。

鳥羽・伏見を発端とする戊辰戦争に参加し、維新後は日清戦争、日露戦争で活躍する日本海軍の英雄、東郷平八郎も自顕流門下生だった。

江戸の無血開城、上野彰義隊、会津戦争、越後の戦など、そのいずれにおいても、野太刀自顕流の剣客たちが、参謀となり、隊長、隊士となって、勝利を収めたのである。

そもそも薩摩が勤皇倒幕を推し進めるにしても、代表的存在の西郷、大久保の活躍も、その背後に、大山綱良をはじめとする野太刀自顕流の群雄が控えていたからこそ、であった。

「明治維新は薬丸流が叩き上げた」

と言われる所以である。

ちなみに、叩き上げるとは、野太刀自顕流の横木を叩く稽古に引っ掛けた言葉だ。

参之巻　示現流と自顕流

宗家の重み

前章で記したように、平安中期に源を発する野太刀流が「野太刀自顕流」として完成したのは、薬丸兼武のときである。が、それより以前、兼陳から兼富まで六代にわたって薬丸家は、家伝の野太刀流を代々伝えながら、示現流の門人でもあった。示現流が野太刀自顕流に与えた影響は否定できないだろう。

野太刀自顕流を志している私が、他流のことに触れるのは本来、許されないと思うが、鹿児島には「二つのジゲンリュウ」が存在することを知っていただくためには、避けて通れないことと考え、私は示現流宗家とのコンタクトを試みた。仲介してくださったのは、示現流兵法に携わる有村博康氏で、幾たびかの日程調整の結果、やっと実現することができた。

当日、時間通りに、鹿児島市内の繁華街「天文館」のはずれに位置する「示現流兵法所」を訪れた。東郷家の屋敷は、江戸時代初期、薩摩藩主である島津家第十八代家久公より拝領され、鶴丸城二の丸そば（現・鹿児島県文化センター付近）の地より、正徳年間の初め頃、吉貴公の時に換地処分の為、現在の地に移った。現在のご宗家、第十二代東郷重徳氏が家督を継ぐとき、先代までの道場を整備し、新たに史料館も加えて「示現流兵法所」とした。示現流を習得する場所を、かつては「道場」、現在では「示現流兵法所」と呼ぶという。

東郷重徳氏は武道家らしいがっちりとした体格の持ち主であり、しかし、年はまだ若いように思われた。今回の訪問が、ご宗家に対して失礼の無いように、私は細心の注意を払ったつもりだったが、お会いしていきなり、過ちを指摘されてしまった。アポイントメントを取るにあたって、私は、ご宗家へのファックスに「東郷示現流御宗家」と書いてしまったのだ。

本題をお伺いする前に一言だけ、と前置きされた重徳氏は、

「当家の名称ですが、示現流の前に東郷の名は付きません。それが頭に付いてしまった

とき、そこで終わってしまうのです」

と名刺を差し出した。私は自分の犯した過ちを深く恥じた。その名刺には、「示現流第十二代宗家東郷重徳」と記されていた。私がファックスに書いた「東郷示現流」は誤りで、正式御流儀名は「示現流」である。そのほかは一切何も付かない。

現在の御宗家は江戸初期に実在した初代東郷重位から数えて十二代目となる。先代まではこの下に「師範」の二文字が記されていたらしいが、現在はあえて使用しないという。「師範」は東郷家に生を受けた者の宿命であり、宗家以外に師範は存在し得ない。過去を遡ってみても、東郷家以外が宗家を名乗ることは許されなかった。

我々が一般にイメージする「宗家」=「家元」という図式は、示現流にはあてはまらない。「家元」ならば免許皆伝を授かれば、道場をおこし、看板を掲げ、師範を名乗ることができる。しかし、示現流にとって道場は、世界中でここ鹿児島市東千石町にしか存在しない。示現流で言う「宗家」とは「総元締」であり「唯一師範」なのであった。

現在約三百名の門弟を抱える当流の中には、時代の流れか、外国の人もいる。毎年、短期の稽古を目的として、ドイツやアメリカから、ホリデーを使い飛行機に乗って、ここ鹿児島の宗家の元を訪れる人がいるそうだ。

私はそれを聞いて、ちょっと意地悪い質問をしてみた。

「では、その人たちの腕が上がって、免許皆伝になったとき、本国で指導すること、あるいは道場を持つことはどうなのですか」

答えは当然「ノー」であった。つまり、それぞれ遠方の人たちが、地元で何人か同好の人たちと行う稽古は、合同稽古でしかなく、宗家の元で習った技を確認、持続するだけである。指導的立場であっても、師範ではない。「一子相伝」「門外不出」の言葉の重さを、私は目の当たりに感じた。

自得——示現流の意地

示現流の成立過程と野太刀自顕流との関係については、前章の冒頭で触れたが、御宗家の重徳氏は、薩摩藩のオフィシャル剣法になる経緯について、ごく簡単に次のように触れた。

「十八代島津家久公の頃は、当流は御流儀示現流といわれ、二十七代斉興公の時に、武道奨励政策によって御留流である旨が確認された」

示現流の命名者である文之和尚が記した『兵術記』によればこの流儀を藩主教育に使いたいとある。そして、この『兵術記』には家久公の跋文《ばつぶん》が寄せられている。

宗家は続けて言う。

「この『兵術記』こそ、示現流の底本であり先代までは門外不出の書であった」

示現流兵法所にはその原本がある。写本でなく、文之和尚直筆のものであった。

まさに『兵術記』の歴史的意義は、それが宗家東郷重位自らが記した兵法書ではなく、重位とともに十年間も島津家に仕え、重位の人柄をよく理解していた第三者である、文之玄昌が書き表したということである。

文之玄昌は、安土桃山から江戸初期に生きた学僧で、鹿児島にありながら後水尾天皇の時、京都に入ると、その講義には受講生がひしめき合い、宮中に呼ばれ四書新註の講義までしたトップエリートだった。その最高の学僧の文に対し、薩摩藩主家久公自らが跋文を書いたのである。

この『兵術記』原本が、示現流兵法所に展示されている。もちろん世間に対してこれは公開されているが、門外不出であり、この史料が、この兵法所から外に持ち出されることは今後も一切ない。

宗家は、兵法所の設立について、次のように語られた。

「ここは死んだもの（過去のもの）と活きたもの（今現在に伝えられたもの）が共存している所である。言い換えれば、静と動である。史料は、これを通じて薩摩の精神文化を体験できる場を与え、技はその技術を通じて総合人間教育を行う場を与える。その両極相まって、ここ兵法所があるのである」

最後に、これも一般には言い尽くされたことであるが、示現流の意地には次の四つの特徴がある。

一、刀は抜くべからざるもの
一、一の太刀を疑わず、二の太刀は負け
一、刀は敵を破るものにして、自己の防具に非《あら》ず

一、人に隠れて稽古に励むこと

私は宗家に尋ねた。さらにその意地を一言で言い表すとすれば、どのような言葉なのかと。

宗家はすかさず「自得」と答えた。

示現流は自分のためのものである。門弟に対して「稽古をせい」とは言えないし、言わない。自主的に、己の生きた証として、やっていくものであるという。

そして、宗家は次のように締めくくった。

「百年後を見据えて、客観的に標《しる》すことの重さ」

ここに武道文化を伝えることの意義の根元があると。

二つのジゲン流に流れる精神

宗家のお話をうかがっていて気がついたことがある。示現流と野太刀自顕流はまったく別流派であるが、どこか似ているところも多い。鹿児島では、「他流を語らず」と言われ、他流派のことについて言及してはいけない、というマナーが厳しく守られている。示現流の門下生でない私は、示現流の内面については知らないので書けない。しかし、表に公表されている部分を見ても、蜻蜓《とんぼ》と言われる構えや長棒といった技は、素人目には一見、違いがわかりにくいほどに似ている。

また、その意地についても、非常に近いものがある。

まず、「刀は抜くべからざるもの」とは野太刀自顕流でも言われており、昔は、針金で鍔《つば》と鞘《さや》とを固定していたと聞く。

二つ目の「一の太刀を疑わず、二の太刀は負け」は、よく「薩摩の初太刀をはずせ」と言われるが、野太刀自顕流でも初太刀について「地軸の底まで叩き斬れ」と表現される。

そして、最後の「人に隠れて稽古に励むこと」であるが、これも野太刀自顕流においても、「一人稽古をするようにならなければ本物ではない」と言われるし、昔の舎の道場は、周りをすべて板塀で囲ってあり、隙間からのぞき見をしている者がいると、「見せもんじゃなか！」と一喝を食らわせたそうだ。

野太刀自顕流の場合は、これらが明文化されているわけではないが、その精神においては、示現流と相通ずるものが流れているように思えるのである。

「島津さんは殿様の家なのに、なぜ示現流をおやりにならないのですか」という質問をよくいただく。だが、本当の殿様ということでいえば、現島津家当主は、影之流という鎌倉期から伝わる古武道を習得されている。十八代家久公のとき、即ち江戸時代になって示現流は確立されるが、私の住む加治木は、江戸以前の城下町であり、先祖義弘公にゆかりの深いのは、タイ捨流と野太刀流なのである。また、これは後に知ったことであるが、当家六代久徴《ひさなる》公が加治木の領内で、野太刀自顕流を奨励したといわれる。

本書の冒頭で記したように、私は加治木の地へ戻って長老方からお話をうかがう中で、旧加治木城下士の集まりであった青雲舎では、慶応二（一八六六）年より伝えられし薬丸流（野太刀自顕流）を採り上げたということを知り、その稽古を始めた。

歴史の中で、示現流と野太刀自顕流は並存していた。が、幕末から明治維新にかけて時代の中枢を担ったのは、殿様だけではなく、むしろ最下級層の武士たちであった。ふだんは鍬を取り、から芋畑を掘り起こしている郷士たちが、長刀を下げ、京都や江戸の町を所狭しと駆け回った。彼らのほとんどが野太刀自顕流の門下生であった。

現在の示現流は、先に述べたとおり、一子相伝の形を取りながら、密教と密接な哲学観を持ちつつ、免許制度が継承されている。しかし、師範はこの世に一人しか存在しない。

一方の野太刀自顕流は、基本的に白兵戦で使われた実戦剣法であり、切紙《きりがみ》などの書面でその技を保証する世界とはほど遠く、郷中教育とともに生き残ってきた。従って現在も、それぞれ市井の学舎の中に溶け込んでいながら、免許制度はない。舎に入れば、だれでも学ぶことができるし、練達の道筋も自己研鑽次第ということである。

似て非なる二つのジゲン流は、それぞれの個性を持って、今も鹿児島の地に根付いている。

四之巻　自顕流の技

一撃必殺、野太刀自顕流の威力については、すでに記してきた。

では、野太刀自顕流では、いったいどんな技を使うのだろうか？　その技を習得するための稽古とは？　読者諸氏は当然、そのような興味を抱かれるだろう。

この章では、野太刀自顕流の技、稽古、装置について、写真付きで簡単な解説を加えておこう。

道場と装置

野太刀自顕流の道場は、露天だ。道場の地面を約三十センチほど掘り込んで、そこに川砂を敷き詰め清浄を保つ。これは裸足で厳しい稽古をしても足や膝を痛めないためである。

神社の境内にある露天の道場

道場は神聖な場所であり、出入りには礼を失してはならないし、入るときは原則として裸足でなければならない。

昔は、道場の廻りには板塀が巡らされており、稽古の様子は外から見ることを許されなかった。

野太刀自顕流は、原則的に一人稽古である。いわゆる空手の組み手のようなものはもちろん、剣道のように絶えず相手と対面して稽古をするようなこともない。野太刀自顕流の稽古で使うのは、木刀である。木刀同士での稽古、それはすなわち死を意味する。

自顕流では、「立木《たてぎ》」と呼ばれる装置に向かって稽古する（次頁の写真）。十数本の木を縄で束ねて台の上に乗せたもので、土台となっている木を又木《またぎ》

立木。最も重要な稽古の代名詞でもある

といい、又木の上に横たわらせた木の束を横木《よこぎ》という。横木は、背丈ほどの柞《ゆす》の枝を使う。昔の又木は、一本の木の二股に別れた部分を使用し、道場の地中七十センチぐらいまで埋設していたそうだが、現在は、そのような天然の又木の入手も困難であるため、二本の木を斜めに組み合わせたものを地面に置くようにしている。

この立木装置に向かって木刀で右左右……と、激しく打ちまくるのが「続け打ち」で、初心者が一番初めに習う稽古でもあり、どんなに熟練しても、怠ることのできない稽古だ。一般に鹿児島では昔からこの稽古のことを「立木打《たてぎう》ち」とか、ただ単に「立木」ともいっている。

もともと稽古のための装置をさす言葉が、最も基本的で、最も重要な稽古の代名詞となっているのだ。

さまざまな木刀がある

木刀

木刀は、乾燥した柞の木を使うのがもっともよいのだが、枇杷、樫、椿でもよい。長さは、立ったときの自分の乳首までの高さにする。切っ先の方は、木の皮がついたままにし、握る柄《つか》の部分だけを、刀の柄と同じように、楕円形に荒く削る。

細かい規定があるわけではないのだが、木刀の直径は、四〜五センチ程度。また、打突《だとつ》する方、つまり切っ先の方が、木の根元の方になるようにする。

上の写真のように、一つとして同じ木刀がないことがわかると思う。

稽古

二十年ほど前まで、鹿児島の私の住む家の周りでは、各家庭の庭に装置があり、それぞれ各人が家で稽古していた。今は住宅事情や、稽古の時に出る音や奇声がうるさいということもあり、神社の境内や、週末の幼稚園の園庭などを利用するようになった。

現在、私たちの道場は、関ヶ原合戦で敵中突破を果たした島津義弘公を祀る神社の境内の一部に設営したこともあり、清浄を重んじる。

しかし、それ以前から守られてきたことは、礼儀である。

道場へ入るときは、まず入口で、蹲踞《そんきょ》をする。手は、親指、人差し指、中指をピンと伸ばし、薬指と小指は折り曲げた状態で、指先を地面につけ、静かに一礼してから入る(左頁上の写真)。

礼をして道場に入ったあとは、木刀を持ち、装置の手前に整列し、静かに自分の番が来るのを待つ。防具はない(左頁下の写真)。

道場に入るときは蹲踞で礼をしてから

道場に入ったら、装置の前に整列し静かに待つ

現在、野太刀自顕流の技としては次のものがある。

一、続け打ち
二、掛かり
三、早捨《はやしゃ》
四、抜き
五、打廻り
六、長木刀
七、槍止め（口伝）
八、小太刀（口伝）

以下に一つ一つ説明してみたい。

一、続け打ち

野太刀自顕流を始める者は、すべてここから始める。

木刀を持ち、装置に向かい、蹲踞の姿勢をとる。木刀は、右手で柄の上部、左手で柄の下部を握る。そして、右手の肘を、柄頭《つかがしら》あたりを握っている左手にくっつける。その結果、右手と左手の位置関係は、剣道と変わらないが、剣道と比べると、随分、右手と左手の間隔が長くなる。

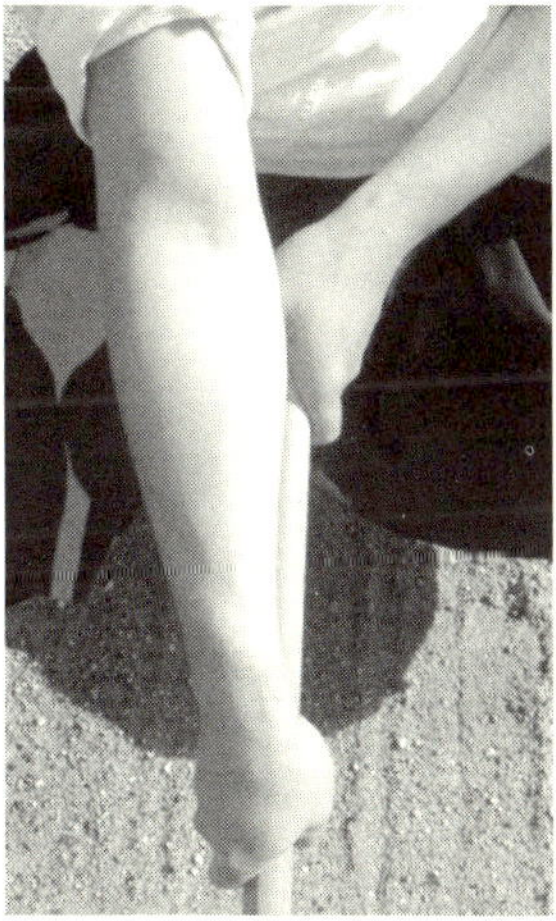
右肘と左手をつける点が特徴

蹲踞の姿勢については、下半身を正面に向け、股を割り、上半身は、やや右肩を前に出し半身となり（右半身）、腰骨、背筋をまっすぐに立てて正面を見据える。木刀の根本をへそのあたりまで引き寄せ、切っ先を止面中央に落とし地面につけ、背筋を立てたまま一礼する。

礼を終えたらすぐ、右耳横まで木刀を天に

瞬発力のためには柔軟さが大切

突き立てるように垂直に持ち上げながら、それと同時に右足を、前にスッと踏み出す。前に踏み出した足は、膝からすねにかけて、地面に対し垂直になっていなければならない。

また、両足とも親指、人差し指、中指の三本で立つようにし、踵《かかと》はともに、地面から五センチ程度上げる。特に、両足の親指に力を入れると、俊敏に動けるようになる。後ろ足の膝は、地面につけてはならず、だからといって、伸びきっていてもいけない。上下に柔らかく動くようにしておく。

さらに、前後に開いた足の向きにも注意をしなければならない。両足の指が、目の前の立木（＝敵）に向いていなければならないのだ。前足は、それほど注意しなくても前を向いているが、後ろ足は、ともすると指が外側を向いて、踵が内側に入ってしまい、前足の向きと直角になってしまう。これを撞木足《しゅもく》というが、これだと、機敏な動きができなくなるし、打突力がそがれてしまうのだ。

次に、木刀の構え方。さきほど、「右耳横まで木刀を天に突き立てるように垂直に持ち上げ」と書いたばかりだが、このときの動きで、注意しなければならないのは、蹲踞をして、木刀の切っ先を地面につけた状態から、切っ先が円の弧を描くように、大きく振りかぶってはいけないということだ。そんな悠長に構えていたら、敵に斬られてしまう。そうではなく、まさに天に木刀を突き刺すつもりで、直線的に、最短距離で、構えまで持っていく。

右手は初めのうちは、まっすぐ伸ばすように心がける。左手は顔を隠さないように、脇を締め、胸板につけ、あたかも天から木刀にぶら下がっているかの如く構える。また、このとき、左手の甲が前方を向いている（敵側から見える）ようではいけない。左手をしっかりと胸板につけ、握りをしっかりと絞り込んでいれば、そのようにはならないはずである。

そして、もうひとつ大事なことがある。つい見落としがちなのだが、構えたときに、刃先が正しく敵の方を向いているかどうかだ。真剣を使った稽古ではないのでわかりにくいのだが、木刀のどの部分で打ってもよいというわけではない。あくまでも、意識は一撃必殺で、叩き斬ることが目的なのだ。太い棍棒で、撲殺の稽古をしているのではないのである。稽古を重ねていけば、木刀の表面を覆っていた皮がはがれてくる。このとき、はがれてくる場所が、刃先に当たる部分だけであれば理想的だ。

ちなみに、これらの動作は、一度立ち上がってから、構えに移行するのではなく、蹲踞の姿勢から素速く、一気にこの構えに持っていくことが重要である。

ちょっと説明が長くなってしまったが、これが自顕流の「蜻蜓《とんぼ》」と呼ばれる構えである。よく、剣豪小説などで自顕流の構えを「八双の構え」と書いてあるが、剣道でいう「八双の構え」とは全く異なるので注意したい。この構えを右耳の横に構えれば、「右蜻蜓」、左耳の横に構えれば「左蜻蜓」と呼ぶ。

「左蜻蜓」の場合は、天を突くように構えようとすると、右腕がどうしても顔の前にきてしまうが、右腕で目を隠してはならない。顔の下半分が隠れる程度に左斜めに腕を突

目は絶対に敵からそらさない

右蜻蜓が基本になる

左蜻蜓。右腕で目を隠さない

き上げるようにする。

そして、この構えから切り下ろすのだが、このとき、腰と木刀が一緒でなければならない。蜻蜓の構えから、木刀を振り下ろし始めるのと同時に、腰を落とし始めるのだ。そして、切り下ろし終わるのと同時に、腰を十分に入れる。

切り下ろした瞬間は、後ろ足の膝は地面につけてしまってもかまわないが、そこで居着いてしまってはいけない。直ぐに次の動作に入るからだ。

また、切り下ろす瞬間といえども、目で立木をみてはならない。立木の位置ではなく、敵の目がある辺りをずっと見据え続けるよう意識するのが大切。

この切り下ろすときの太刀筋は、「右蜻蜓」からの場合、相手の左の首の根っこを狙う。そこから袈裟斬りするのだが、そのまま斜めに、相手の右脇腹の方へ切り下ろすのではない。首筋（肩口）から入り、正中線（体の中心）まで切り下ろしたら、その後はまっすぐ切り下ろすのだ。イメージとしては、Yの字を描くようになる。

切り下ろした時、両手が前方に伸びきっていてはいけない。木刀の握りでは、柄の一番下を左手で握り、その左手には右肘を付ける。この左手と右肘は、どんなことがあっても離してはならない。両手が伸びきるということは、左手と右肘が離れてしまったということに他ならないのだ。切り終わった時は、木刀の柄頭と、左手と右肘が、おへその前に集まっていなければならない。ただ、柄頭をおへそに付けてはならない。おへそと柄頭の間は、拳《こぶし》一個分ぐらい開ける。

柄頭、左手、右肘が離れることなく、おへその前に来るように切り下ろすと、袈裟懸けに切り始めてから、手元に引き切るかたちになるのだ。

続け打ちとは、この切り下ろす動作を連続して行う稽古だ。右左右左右……と右蜻蜓と左蜻蜓の構えを交互に変えながら立木を激しく打ちまくる。打つときは、「イェーッ！」とか「エーイッ」という、裂帛の気合の入った声を上げ続ける。一回に、左右交互に十数回打ち込む。木刀を打ち下ろすスピードは、上達した者であれば、一声で五打程度打つ。

この時、装置の木の束を打つのではなく、その五十〜六十センチ下の「地面を叩き割る」気迫で打ちまくれと教わる。立木はあくまでも目安《めやす》でしかないのだ。昔から、「地軸の底まで叩き斬れ」と言い継がれてきた。私が伊藤師から教わったのは、それこそが、野太刀自顕流の意地であるということだ。

　また、木刀を構えた瞬間から、いや、礼をするために、立木の前に蹲踞した瞬間から、立木＝眼前の敵であって、一瞬たりとも目（視線）をそらしてはならないとも言われた。礼をするときも、頭を下げたときに、目線を切ってはいけない。目をそらさずに軽く礼をしなければならない。

　よく、「ケ死ン限り（死ぬ気で）」臨めと言われる。装置は仮想敵であって、そこに敵が立っているものとして臨まなければ、稽古の意味がなくなってしまうのだ。

　この練習を、少なくとも三年程度続けると、どうにか下半身が安定するようになり、次の掛かりなどの技に進む基礎体力が養われる。

「朝に三千、夕べに八千」という言葉が残っている。昔の人は、毎日、朝に三千回、夕方に八千回、立木を叩いたというのだ。

一、続け打ち。「地軸の底まで叩き斬る」つもりで

時代が違うので、そこまでは無理だとしても、この期間をおろそかにすると、体に支障を来し、後に故障が出たり、ケガや歪みが来る。

従って、今でも、上達者といえども、毎稽古の際は、必ずといってよいほど「続け打ち」を百回〜二百回程度は行っている。

二、掛かり

続け打ちがある程度できるようになると、今度は「掛かり」（あるいは「懸かり」）を稽古する。

掛かりは、簡単に言えば、助走してから続け打ちをする稽古である。

その基本でもあり、もっとも大事なことは、スピードと破壊力だ。

稽古をする者は、装置の七〜八メートル手前で、続け打ちと同じように礼をした後、「右蜻蜓」の姿勢をとり、「エイッ！」という気合とともに腰をうんと落として、膝を柔らかくし、踵を浮かし、親指、人差し指、中指の三本指だけで、重心を低くして、猫足のように、そそっと走る。

二、掛かり。助走から打突に移るとき、止まってはいけない

装置に向かって走るときには、木刀や上体がぐらつかないようにしなければならない。助走から続け打ちに入る瞬間、止まったり、棒立ちにならないように気をつけなければならない。勢いよく飛びこんでいき、一気に第一撃を加えなければ意味がないからだ。

ここでの続け打ちは一呼吸分程度で、終わったらすぐ元の位置までバックで戻ったり、あるいは踵を百八十度返して再び構えて掛かりをする。

幕末維新の頃、野太刀自顕流の使い手と対面した敵は、距離感をつかめなかったのではないか。掛かりで鍛えたスピードで迫り、気がついたときには自分の目の前にいただろう。そして、ほとんど同時に、冷たい一撃の下に倒れたのではないだろうか。

三、早捨

身長ほどの長さの棒を持つ長棒(「出し」と呼ばれる)と木刀(「打ち」と呼ばれる)とが対峙して行う。

出しと打ちは、間を十数歩離れてとり、出しは長棒の先をぐるぐる回しながら進み、打ちは右蜻蜓の構えをとり、「掛かり」と同じような姿勢、運歩《うんぽ》で出しに向かっていく。

間合いに入った瞬間、出しが横から打ちの胴を払う。打ちは飛び込みながら、長棒を打ち落とす。打ちは、続けて右左右と打つ。

これは約束稽古ではない。出しは、打ちの様子をうかがいながら、隙あれば打ち込む。続けて払う回数も特に決まりはないので、打ちは最後まで気を緩められない。

四、抜き

現在は、続け打ちが熟練してくると、きれいに刀の形に削り出した木刀を持たせ、腰に帯びさせて一瞬のうちに抜いて切り上げる練習をさせる。

まさしくこの技の応用が、幕末に京都で、新撰組のみならず佐幕派の連中に最も恐れられた技である。当時の記録によると、武士と武士が京の町中ですれ違ったとき、数歩歩いた後、一人の武士は血しぶきを上げて倒れた。もう一方の武士は、何事もなかったように去っていった。体何が起こったのかさっぱりわからなかったとある。

解説をすればこうだ。通常、武士は左腰に、刃が上になるように刀を差している。市中を右側通行で歩いた際、人と人とは左肩越しにすれ違うこととなる。野太刀自顕流の抜きは、一瞬のうちに左手で刀の鞘ごとくるっとひっくり返し、同時に下刃になった状態で切り上げるのである。熟練すると、水滴が軒先から一滴落ちるまでに、三度抜き放つことができたというから、抜いた刀をすぐさま鞘に収めれば、一瞬の出来事で、端から見ていると、あまりの早抜きに何が起こったかわからなかった、となるわけである。

これも、稽古では長棒と対峙する。出しと打ちは切っ先が交わるところまで歩み寄り、蹲踞して礼をする。打ちが木刀を腰に差したら、双方同時に、気合を合わせて静かに立ち上がる。

このとき、打ちは木刀を、刃を上にして差す。つまり、通常、武士が刀を腰に差すのと同じ形ということだ。そして、出しと共に立ち上がるときは、両手を体の前に垂らして、木刀には手を触れていてはいけない。

確かに、先の幕末の例を考えてみてもそうだが、常に刀の柄に手をかけて歩いている武士なんて、物騒だし、警戒されやすいだろう。むしろ、刀に手をかけていない状態から、いかに素速く抜けるかが、生死の分かれ目だったのだ。

さて、立ち上がったら、出しは、機を見て右足を引きながら、長棒を右後ろ斜め下に構える。そこからさらに素速く、真上から、裂帛の気合とともに、打ちの脳天めがけて長棒を振り下ろす。

打ちは、出しが動くのと同時に、垂らしていた両手を動かし始める。目をそらさず、出しの気と間をうかがいながら、素速く左手で木刀の刃を返し（刃を下にし）、右手で柄の根本（つば口近く）をしっかりと握る。

そして、出しの振り下ろしてくる長棒が、自分を斬るより先に、出しの懐に飛び込みながら、やはり裂帛の気合で木刀を一閃し抜き放つ（121頁の写真）。

このとき、打ちは、出しの股間から一気に切り上げるつもりで大きく踏み込む。そして同時に、長棒の右手（自分からみて手前に出ている手）の近くを切り上げるように心がける。また、片手で切り上げることになるわけだが、木刀を握っている右の肘で、相手をはじき飛ばす勢いで、真下から自分の頭上まで切り上げる。

出遅れれば、約束稽古ではないため、打ちの脳天を出しが叩くことになる。非常に危険な稽古で、脳天を打たれて失神した人もいた。私も打たれたことがある。額はみるみる腫れ上がり、お岩さんの顔のようになってしまった。

四、抜きの基本形

抜きの相対稽古。（演武・川上幸夫氏、久志君）

抜き上げた後は、出しが二打、三打と攻撃をしてくることに備え、その場で右蜻蜓に構えて右左右と続けて打ちまくる。気合が熟したところで終わる。最後は右蜻蜓の姿勢で終わり、再び元の位置に戻って、最初のように蹲踞し、礼をして終わる。

この「抜き」という技は、当初の、「野太刀流」と名のっていた時代には存在しなかったであろうと思う。白兵戦で、刀より長い野太刀を使う戦国時代は、いちいち刀身を鞘に収めることはなく、あらかじめ抜き身にして、構えて走ったと思う。つまり、今の「掛かり」のような形だったのではないか。

後世になって、突発的に発生する街中での斬り合いなどに対応する必要性が生み出した、比較的新しい技ではないかと思う。

五、打廻り

完全なる実戦練習の一つである。十数本の人の背丈ほどの柞の直棒を地面に突き立て、敵兵と見なす。これを「掛かり」の要領で走り寄り、次々と打ち倒していく。かつてはそれぞれの棒のてっぺんに「ハッブリ」と呼ばれる革製の陣笠のようなものを乗せていた。熟練者の稽古では、棒は斜め前に地面を滑るように飛んで行き、上の「ハッブリ」は空高くクルクルと回転して飛んでいくという、芸術的な技が展開された。

　稽古する者は、礼を終えて、立ち上がると同時に右蜻蜓に構える。これは、掛かりと同じ要領である。さらに、掛かりと同じ足運びで、一本目の棒に走り寄り、地軸まで斬り込む勢いで切り倒す。木刀の棒を斬るところは、ちょうど敵の肩にあたる高さで、袈裟斬りにする。

　続いて、周囲の棒に向かって突進し、次々と掛かりの要領で切り倒して行くのだが、この切り倒す順番は、決まっているわけではない。いわば、稽古する者の自由だ。確かに、いつも同じ方向、同じ順番で敵が襲ってくるわけではない。そうすることで、その時々の判断力を鍛えることもできたのではないか。

　だからこそ、構えも、右蜻蜓と左蜻蜓を交互にして、右左右と順番に切り下ろす必要もない。その時の棒との位置関係で、最適な構えを、考えずに取れるようになるべきなのだろう。

　棒をすべて打ち倒したら、敵の大将たる長棒を持った出しに向かっていく。早捨のご

五、打廻り。戦国時代、周囲の敵を片っ端から切り伏せたのだろう

とく、真正面より長棒に正対して走り寄り、正面からの打ち込みを瞬時に右蜻蜓で打ちおろす。その後も長棒が胴を払ってくるのを、左右の蜻蜓で打ち落とし、最後は右蜻蜓の構えを取り、雄叫びを上げて残心を示す。

私が思うに、この技は、まさに、乱戦の中で、周囲の敵を片っ端から切り伏せるものだ。おそらく、関ヶ原で戦った薬丸壱岐守の時代に大成されたのではないかと思う（右頁の写真）。

六、長木刀

槍術との対戦を意識した実戦練習である。長棒が真上から振り下りてくるのを、一瞬にして右蜻蜓の構えから掛かりの要領で打ち落とす技である。

早捨では横からの長棒を打ち落とす。抜きでは、上からの打突を下から受ける。自分の太刀筋の反対側から敵の刃が来るので、間合いは測りやすいかもしれない。

しかし、この技では、相手も真っ正面から、しかも、上から打ちかかってくる。それをこちらも、右蜻蜓から、つまり、上から払わなければならないのだ。間合いをずらされたら、自分の木刀はかわされ、打ち込まれれば、大ケガをする。

七、槍止め（口伝）

胸元まで突き出された出しの槍を、瞬時に打ち落とす技である。

野太刀自顕流には、もともと段位階級制度はないが、わかりやすく言えば、この槍止めと次の小太刀とは奥伝に値する技といってよい。

八、小太刀（口伝）

右に同じ。

以上見てみるとおわかりのように、自顕流には、初太刀だけでなく、第二打、第三打があり、おまけに抜きもある。世にいう「薩摩の初太刀をはずせ」というのはだいたいが初太刀で斬り殺されているからである。また、自顕流の稽古では、すべての打ち込みに気迫を込め、すべてに命を賭けたのである。

伍之巻　わが師が語る「極意」

本書をまとめるにあたって、私は、師匠の伊藤政夫師にあらためて尋ねてみたいことがあった。

野太刀自顕流の極意とは何か。

この最強の剣法が、なぜ薩摩に生まれたのか。

そして平成の今、これを受け継ごうとしている私たちに必要な心得とは何か。

大正十三（一九二四）年生まれの伊藤師は、小学校二年で野太刀自顕流に入門し、十代宗家・薬丸兼文氏の直弟子である奥田真夫《さねお》師に師事。昭和三十九（一九六四）年からは鹿児島市内の共研舎の道場で子供たちの指導をされている。先に触れたように、野太刀自顕流、薩摩琵琶、天吹の〝薩摩武士三つの嗜み〟をよくする、現代では稀有の人でもあり、「野太刀自顕流の極意」を語っていただくにふさわしいと考えたのである。

地軸の底まで叩き斬れ

――伊藤先生が共研舎で野太刀自顕流に入門されたのはおいくつのときでしたか。

「小学校二年生のとき、昭和七（一九三二）年のことですな」

――そのときのお師匠さんが奥田真夫先生ですか。

「はい。昭和六十一（一九八六）年に九十二歳で亡くなられもしたが、それは凄か人で、私は敬服しておりもした。玄関を掃除するとき、先生の履物を見ますと、普通の人とは反対に、必ず前歯が前向きに擦り切れとる。自顕流の運歩の習性がふだんの歩行にも自然に表れとったのでしょう。つま先で体を支え、突っ込むように足先を前へ運びもんで、前歯が前向きに擦り切れたとですよ」

――奥田先生は、十代宗家・薬丸兼文氏の直弟子とお聞きしますが。

「ええ。薬丸兼文先生の長子、兼吉さんのお子さんは、中尉だったか中佐だったか、戦争で残念ながら亡くなり、ガッカリされた兼吉さんは薬丸流を継いでおられたが、『薬丸流はこれで終りとする』といわれ、昭和三十二年の野太刀自顕流の総会にもお見えになりませんでした。そいで、私は奥田先生に付いたわけです」

――そうすると、奥田先生は明治維新の頃のことは、宗家からじかに聞いていらっしゃったんでしょうか。

「はい」

――そうして脈々と伝えて来られた野太刀自顕流の精神を、いま一番わかっておられるのは、伊藤先生だと思います。そこで単刀直入にお聞きしますが、野太刀自顕流の極意とは何でしょうか。

「極意と言われると、そいは難しか（笑）。ただ、一番の特長というか、一番大事にされてきたのは、袈裟斬りですな。走って行って、相手の懐に飛び込みざま、袈裟斬りでそのまま叩っ斬ると。そういう激しさ、強さが、薬丸流の特長じゃなかかと思います」

――小手先の技ではなく、一撃必殺の実戦剣法だった、ということですね。

「そうです。実戦において、大変役に立ったはず。とにかく腰を低く落として、体ごと突進する。そして、手首だけで斬っとではなく、腕と体を十分に使うて、相手を一太刀で斬り倒す。敵が刀で止めたら刀ごと斬る、敵がよけたらよけた方向へ刀ごと斬り倒す、そげな剣法ですからね。最後まで叩っ斬る」

――幕末の頃は京都の町家で切り結ぶための方法もあったようですね。低い天井、狭い階段幅の中でも、テークバックの少ない構えから瞬発力で確実に斬り倒すという。それも稽古で一撃必殺の基本ができていたからこそなのでしょう。稽古ではよく、〝地軸の底まで叩き斬れ〟と教えられます。

「そう、地軸の底まで。いい加減に止めんで、最後まで斬り捨てる。自顕流で斬られた人は、むごたらしか斬り死にじゃったそうで、ひと目でわかったと言います。西南の役では、鉄砲ごと斬られた官軍兵士もおったそうです。袈裟斬りで、骨を全部砕いて、そのまま下まで斬い落とす。まことに激しか剣です」

「チェスト行け！」は魂の叫び

――これほどまでに実戦に徹した剣法はほかになかったのではないでしょうか。

「そん通り。いろんな流派がありもしたが、自顕流のような激しか剣法はなかった。だからこそ、〝薬丸流はとにかく強かもの〟と幕末期なんかは多くの人が一生懸命になって習うたわけです。素人で人を斬ったことのなか人でも、薬丸流を習うて新撰組に斬ってかかったら、ポソッと斬れた、というようなこともありもして、評判をとったようです」

――ふだんは田畑を耕しているような半農半士の人々や、最前線で敵と斬り合う下級武士にしてみれば、実戦で効果絶大の自顕流は、非常に頼れるものだった、ということですね。気迫の凄まじさも大きな特長でしょうか。

「裂帛の気合じゃな。薬丸兼陳先生が稽古をすっと、その気合の凄まじさで肥前焼きの茶碗が割れたと伝えとりもす。そげな凄まじか気合です。そん気合は、やはり伝えたいと考えて指導しとりもす。実際、習うけ来とる子供の衆は、徐々に徐々に、自然と声が出るようになりもした」

――伊藤先生の気迫がまた素晴らしいですから。私自身、先生の気迫を何とかして吸収したい、という思いで、自顕流も薩摩琵琶も先生から一生懸命学んできました。今の武道一般で見ると、剣道にしても柔道にしても、「礼に始まって礼に終わる」みたいなことを言いますが、自顕流の気合の凄まじさは、そういうものを超えているようにも思います。

「(野太刀自顕流が追究するのは)礼儀ではなか。技でもなか。言うてみれば、魂でごわんそな。何があっても地軸もろとも断ち斬るという、そげな気持ちです。その魂というか気持ちの表れが〝イエーッ!〟という声ですよ」

――よく小説などでは、自顕流の気合として「チェスト!」と書かれていますが、あれは何なんですか。実際には使われませんよね。

「じゃなあ、〝チェスト〟というのは、あんまり使わんなあ。実際に叫ぶのは、やはり〝イエーッ!〟です」

――何を叫んでいるのかわからず、聞いた人の耳には〝チェスト!〟と聞こえたのでしょうか(笑)。

「ただ、そのチェストというのは、もともと薩摩にある言葉ではあって、〝チェスト行け!〟という組み合わせの使い方はされる。いずれにせよ、自顕流の稽古はほとんど気合の稽古、と言ってもよかくらいで、気合の入ったその叫び声を聞くと身の毛がよだつ、と昔は言われとりもした。歴代の藩主も、あまりにも野蛮で生々しか、と嫌ったそうです。何しろ、日常、稽古場から、〃人を斬る〃声が聞こえてくっとですから、確かにあんまり気持ちのよかものではなかったでしょうな」

剣の下地は薩摩の反骨精神

――自顕流は稽古から実戦的で、たとえば打つ横木そのものはどうでもいいことなんですね。その下の地面を割ってやる、というぐらいの気迫で打ち込んでいく。そういう精神、そういう魂があったからこそ、戦乱の幕末で「最強の実戦剣法」としてクローズアップされたわけですね。しかし、その自顕流が、天下泰平の江戸時代を通じて、薩摩で綿々と伝えられていたのはなぜでしょうか。

「そいはやはり、剣法としての魅力ではなかでしょうか。関ヶ原の敵中突破で有名な薬丸壱岐守も、野太刀流から野太刀自顕流へ改称した薬丸兼武先生も、大変な精進を積まれて、他の剣と違う独自の剣を作り出された。兼武先生は藩主によって屋久島へ流されてしまいますが、そのご子息の兼義先生が後を継いで指導され、その剣の勢いをずっと伝えた。そういう薬丸家代々の努力があったからこそでしょう」

――なるほど。それと、薩摩の人間の徳川幕府への根強い反骨精神がピッタリ嚙み合ったように思うのですがどうでしょうか。関ヶ原で負けたことに関しての言い伝えは、親から子へ代々つながっていますし、江戸幕府ができたての頃は、いつ徳川が攻めてくるかもしれず、臨戦態勢と危機管理が日常的なものになる下地があったように思います。

「そいは確かにありもす。妙円寺詣りの行事を受け継ぎ、関ヶ原を忘れるな、と薩摩では伝え続けてきた。幕末から明治維新にかけてのエネルギーは、関ヶ原を起点に蓄えられてきた、と考えることはできますすな」

――徳川の時代が続けば続くほどエネルギーは蓄積されていって、そして徳川が弱体化して来る幕末に、「それっ」という爆発が始まる。薩摩は郷中《ごじゅう》教育という中で、次の世代にそういう教育をしていくという、管理技術を持っていたのではないかとさえ思います。自顕流も薩摩琵琶も、そのための精神修養という面はありませんか。

「自顕流と琵琶は、もちろん通じるところがありもす。昔は、天吹を合わせた三つをもって、武士の嗜みとしておりもした。精神修養としての意味は大きい。薩摩琵琶は人に聴かすもんではなく、絶えず自分を戒める意味合いで、自分に歌を歌うためのもんですから」

〝冬の西瓜〟に手が出せるか

――実は薩摩というのは、幾つもの複合的な内面を持っていて、自顕流はそのシンボリックなものの一つ、という気がします。幕末に新撰組を斬った剣法としての、剣法そのものの魅力に加えて、そういう意味でも、野太刀自顕流をきちっと伝えないといけないような気がします。

「自顕流が明治維新を叩き上げたと言われとりもすが、そういう誇り、自負心は、今の自顕流にとって、最も大切な要素です。それを受け継いでいくということは、薩摩武士道を支えた精神を守っていくということにつながる」

――伊藤先生が共研舎で指導されるようになったのは、いつごろからなんですか。

「昭和三十一（一九五六）年に奥田先生とばったりお会いしたら、『これはよか人を見つけた』とおっしゃられてな。翌三十二年に奥田先生が道場を作って自顕流を再開されて、それで会員が徐々に増え、昭和三十九年からは私も加わったようなわけです」

――戦後、途絶えていた時期があったんですね。

「終戦後の十年ちょっとは休眠状態ですね」

――それはなぜでしょう。

「やはり（戦争に）負けたからでしょう。負けて、軍国主義的、右翼的と見られるものができんごとなっていった時代でしたから」

――人を斬るための自顕流なんて、とんでもなかったのかもしれません。しかし、それでも復活させようということになったのは、やはりこのまま自顕流をなくしてはいけない、という思いからでしょう。その野太刀自顕流とは何なのか、最後に先生にまとめていただきたいのです。まったく自顕流を知らない一般の方々に向けて、一言で言うと、野太刀自顕流とは何ですか。

「野太刀自顕流とは何か。薬丸兼武師は、『冬の西瓜《すいか》のようなものである』と言っておりもす。西瓜の季節ではない冬に、大きなよく熟れた西瓜があったら、多くの人は〝ああ、うまそうじゃなあ〟と思うでしょう。しかし、暖房もなかった昔、寒い中で実際にこれを手にとって食べるかというと、冷たくてなかなか手が出ない。自顕流もこれと同じで、〝強くてカッコよかなあ〟とはみんな思うけれど、実際にやってみると稽古が困難なものなので、なかなか続かないものである……そういう意味です。ともあれ、自顕流の刀身と自分の体は一心同体。相手を避けさせず、地軸もろとも断ち斬る、ということに尽きるでしょうな」

完之巻　現代に生きる自顕流

郷中教育の復活をめざして

大学で英文学を専攻し、卒業後には教員になろうと思っていた私は、自顕流を入り口とする薩摩文化に出会ったおかげで、大きく進路を変えた。

大学卒業後に島津興業に入社したことは既に触れたとおりだが、その島津興業も平成十三（二〇〇一）年に退社し、現在はわが先祖・島津義弘公を祀った加治木町の精矛《くわしほこ》神社の宮司を務めながら、薩摩文化を受け継ぐべく活動を続けている。

私の活動の母体となっているのは「青雲舎」である。青雲舎は長らく休眠状態にあったが、関ヶ原四百年という節目の年（二〇〇〇年）に、舎のOB二人とともに復活させた。現在、私の長男長女を含む三十数名の小・中学生が舎生となり、週に一度、ここで自顕流と天吹を学ぶ。

私はここで自顕流と天吹を子供たちに教える一方、薩摩琵琶の弾奏者としての活動も行っている。琵琶もまだ修行途上の身ではあるが、しかしこれも私の務めであると考え、お声がかかれば可能なかぎりお応えするようにしている。おかげさまで最近では、ウィーンやロサンゼルスなど海外で公演する機会にも恵まれた。

自顕流は、この私を、ずいぶんと予想外のところへ運んできてくれたものだと思う。自顕流を知らなかった頃の私と、知ってからの私は、まるで別人である。

私が青雲舎を復活させたのは、優れた剣法である自顕流と、その根底に流れる薩摩武士道や文化を継承していきたい、という思いからだった。だが、それは自分の中では、まだほんのスタートラインに過ぎない。私としては、薩摩独特の教育システムである「郷中教育」を現代に甦らせることができたら……という思いがある。

薩摩では、地域の小単位を「郷中（方限《ほうぎり》）」としていた。郷中には、青少年が自主的に文武を学ぶ教育機関「舎」がいくつもあって、それぞれが独自のカリキュラムに基き、武道、道徳、文化、時事問題などを学んだ。指導したのは大人ではなく年長の舎生、

「二才頭《にせがしら》」と呼ばれる青年のリーダーたちである。知・徳・体のバランスのとれた人格形成を目的としており、いわば青少年たち自身によって運営される「総合的人格形成のための道場」であった。この教育システムは島津義弘公の時代に確立したとされ、それが後に西郷、大久保はじめ、幕末の多くの逸材を生み出したのである。

ちなみに、一九〇八年に英軍人ベーデン＝パウエルによって創始されたボーイスカウトも、じつはこの郷中教育を参考にしたといわれている。一九一一年、ジョージ五世の戴冠式に東伏見宮依仁親王ご夫妻に随行した乃木希典陸軍大将が、ボーイスカウトの訓練を視察し、ベーデン＝パウエル卿にその創設のきっかけを尋ねたところ、「あなたの国の薩摩にある郷中教育を研究し、採り入れたのです」と言われたそうだ。

幕末の薩英戦争を機に、薩摩とイギリスが親交を深めていったことも背景にあるのだろうが、ともかく当時のイギリス人たちは、大英帝国の艦隊を相手に善戦した薩摩という国の強さの秘密は、郷中教育にあると考えたのである。

四百年の歴史を誇る薩摩独特のこの教育システムは、維新を経た後も戦前まではかなりの地域で存続していた。しかし、残念ながら、戦後の教育思想の変革、日本の伝統的な流れの破壊、高度経済成長とスポーツ少年団の台頭、後に少子化により、風前の灯火となってしまった。

現在存在している舎は、会文舎、四方学舎、集成学舎、共研舎、研明舎、敬天舎、鶴尾学舎などである。舎のいくつかは、運営と管理の安定性を求めて、幼稚園の経営などに着手したり、公民館を活動拠点としたりしているが、後継者不足のため自然解体しつつある舎や、すでにOBしかいなくなってしまった舎などもある。

私は、この郷中教育をぜひ復活させたいと思っている。教育の荒廃、空洞化が叫ばれている今だからこそ、である。

かつて教員志望だったからという面もあるかもしれないが、私は今の教育が気がかりでならない。授業時間数をどうするとか、教育基本法に「愛国心」という文言を入れるかどうか、などという建て前の議論をいくらしても意味がないのではないか。

今必要なのは、人間の「性根」の部分をきちんと教育することである。

郷中教育ならそれができる。決して歴史の中に埋もれさせるべきものではないのだ。

関ヶ原四百年が転機に

もちろん、鹿児島で教育を受けていない私は、郷中教育や舎についても身をもって知っているわけではない。それはある意味でコンプレックスにもなっていた。だが、鹿児島に移り住んで十六年、さまざまな先輩方と出会い、話をうかがい、歴史を学ぶなかで、その悩みは薄らいでいった。この間の年月は、私にとってはコンプレックスを払拭し、自分の中の「薩摩」を獲得していく過程だったといえるかもしれない。

自顕流から始まった「薩摩発見の旅」ではあるが、今では郷中教育の復活という目標も定まり、私の中では憧れが確信に変わりつつある。

歴史を学ぶという点でいえば、やはり島津興業での十三年の経験が大きかった。特に関ヶ原四百周年に向けての一連の取り組みのなかでは、多くのことを学ばせてもらった。

私が入社と同時にまず配属されたのは、仙巌園の企画課であった。仙巌園は旧薩摩藩主の別邸で、鹿児島市内の観光地の一つ。ピーク時には年間約八十万人の観光客でにぎわっていたが、猫も杓子も海外旅行を楽しむようになったバブル期には、入園者数は半分にまで落ち込んでいた。

観光客の奪回は県全体としても死活問題であったため、私たちは行政と手を組みながら、さまざまな方策を模索した。そこから出てきたのが、薩摩史上の記念すべき「年」を観光集客につなげていくという発想だ。

まず、文禄・慶長の役の終結から四百周年にあたる平成十（一九九八）年には「薩摩焼四百年祭」を催した。文禄・慶長の役は別名〝茶碗戦争〟とも呼ばれる。朝鮮を攻めに出た各諸侯が李朝の陶芸美術に魅せられ、競って陶工を連れ帰り、各地に窯を作らせたからである。陶工たちは日本へ来る際、道具ばかりか粘土まで持参して焼き物を作ったという。四百年祭では、陶工たちの末裔が、わざわざ朝鮮半島まで里帰りして、四百年前と同じように船に乗り込み、今度は窯元の火を日本まで運んだ。

続く平成十一（一九九九）年は、キリスト教宣教師のフランシスコ・ザビエルが鹿児島の土を踏んでから四百五十周年にあたる年だった。その五十年前の〝上陸四百周年〟には、行政と政財界が実行委員会を組織し、鹿児島ラ・サール高校の設立にこぎつけているが、四百五十周年ではむしろ私たち民間の者が主導して、スペインやポルトガルとの交流を図り、物産展や新特産品開発などのキャンペーンを張った。

そして、いよいよ迎えた平成十二（二〇〇〇）年、メモリアル・イヤーのクライマックスがやってくる。全国的には〝ミレニアム騒動〟が繰り広げられる中、鹿児島県各地では、〝関ヶ原四百周年〟をテーマにしたさまざまなイベントが開催されたのだ。

これはよその県の方から見ると不思議に思えるかもしれない。天下分け目の関ヶ原で、薩摩は西軍につき敗れ、わずか八十余名になりながら命からがら帰り着いた。その負け戦の四百周年を、なぜわざわざやるのかと。

弐之巻でも触れたように、薩摩にとってはやはり関ヶ原が原点なのである。関ヶ原の負け戦と「敵中突破」があったからこそ、その後の薩摩藩の精神的基礎ができ、幕末維新の動きにつながった。薩摩にとっては、関ヶ原は特別なものなのである。

しかも、敵中突破をした島津義弘公を先祖に持つ私にとっては、関ヶ原四百年は個人的にも大きな転機となった。義弘公の末裔、加治木島津家当主として、テレビ出演や講演などの依頼が増えたという身辺の変化もさることながら、私自身がこの「原点」をもう一度学びなおしてみたいという、強い衝動にかられたのだ。

私は関ヶ原四百周年事業に取り掛かる前に、初めて関ヶ原を訪れた。実際に行ってみると、驚く発見がいくつもあった。

まず、関ヶ原の地というのは今でも風致地区に指定されており、当時の地形のまま、各陣営の跡地には軍旗が立ててあった。義弘の陣跡はきれいに掃除され、花も飾られてあった。われわれが行くと、近所の住人の方が出て来られ、関ヶ原の話をしてくださり、「義弘の陣跡を守ることが生きがいなのだ」と語られた。

退きのルートをたどってみると、迫り来る井伊の軍勢に対し、義弘の甥・豊久が影武者となり七度槍に串刺しにされて果てた烏頭坂《うとうざか》には墓が残されていた。義弘一行は、奈良山ノ辺の道をたどり、京から大坂の堺まで慣れない山道を走り抜けたという。おそらくその陰には、山間の住人や神官僧侶などの数多くの援助があったに違いない。現に、奈良の大三輪社奥の院と伝えられる平等寺には、義弘ゆかりの古文書が伝えられていた。

その土地土地にはさまざまなエピソードが残っており、私はこれらをまったく知らなかったため、必死に吸収した。鹿児島へ戻ってからはこれまで以上に本も読み漁り、義弘公の事跡をたどった。そうするなかで、これまでのような単なるイベントとは違う、もう少し精神的な支柱となれるようなものが実現できないだろうか、と考えるようになった。

必死に考えた結果、たどりついたのが「郷中教育」だったのである。

NPO法人になった自顕流道場

先に書いたように、郷中教育もまた島津義弘公と縁が深い。

その起源は、文禄・慶長の役にさかのぼる。薩摩からは義弘公以下一万人の武士が参加したが、留守中、青少年の風紀が乱れかけた。そこで、筆頭家老の職にあった新納《にいろ》忠元《ただもと》ら老臣が、青少年を集めて鍛える組織を作ったことがそもそもの始まりである。

この時、基本的な心得として書かれたのが、新納忠元による「二才咄格式定目《にせばなしかくしきじょうもく》」。この定目と日新公の「いろは歌」が、指導の指針となった（いずれも巻末に現代語訳付きで掲載したので、御参照いただきたい）。

郷中では六歳から二十四、五歳までの男子を次のように区分していた。

時刻	小稚児	長稚児	二才
午前6時	二才の家へ行き、四書五経などの講義をうける		稚児への講義
8時	馬場や神社の境内で、相撲などで体を鍛える（雨天時は大名カルタなどして遊ぶ）		
10時	朝の講義の復習		●役職についている者は藩庁（藩の役所）で仕事 ●役職がない者は造士館（藩校）で勉強
正午	長稚児が小稚児を指導		
午後2時	山遊び、川遊び、かけっこなどして遊ぶ		
4時	武芸の稽古		
6時	午後6時以降は外出禁止	時には二才衆に日頃の生活態度などの指導を受ける	夜話・詮議（武士としての心得について討議）・読書など
8時		午後8時には帰宅	

維新ふるさと館資料より

稚児《ちご》　小稚児《こちご》……六歳〜十歳
　　長稚児《おせちご》……十一歳〜十四、五歳（稚児頭）
二才……十四、五歳（元服以降）〜二十四、五歳（二才頭）

そのおおよその日課は上表のとおりだが、要は元服した青年層である二才が武芸や学問を稚児に教える、稚児の中でも長稚児が小稚児を指導するという、青少年自身による自治的な練磨の組織ができあがっていたのである。こうした異年齢の集団の中で、子供たちは礼節や徳、人間としての基本的な素養、振る舞いを身に付けた。

この郷中教育が、後々まで薩摩藩の人材を育てる基盤となった。それがいかに優れた教育システムであるかは、幕末維新の時代に薩摩が多数の人材を送り出したことでも証明されるのではないだろうか。

維新以降、郷中教育は学舎に形を変え、今度は近代日本を担う人材を育成したが、戦後になって徐々にすたれ、現在は風前の灯火となってしまったわけである。

壱之巻でも記したように、私が自顕流に出会うきっかけとなった青雲舎も、私が加治木町に移り住んだ時には、ほとんど活動を休止していたほどだ。

関ヶ原四百年を経て、郷中教育の復活に思い至った時、まず私はこの加治木の青雲舎を復活させなければと考えた。

加治木はもともと義弘公の居城があったところである。その義弘公の三男・家久が島津本家の家督を継ぎ、初代藩主となった後は、家久の三男忠朗を始祖とした加治木島津家の本拠となった。

義弘公は隠居した後も、元和五（一六一九）年に八十五歳で亡くなるまでここで過ごしている。そんな経緯もあって、江戸期には加治木島津家は本家を補佐する特別の立場にあった。ちょうど徳川家における御三家のようなもので、本家に後継者がいない場合、加治木島津家から藩主が出たのである（例えば斉彬の曾祖父・重豪《しげひで》が加治木島津家出身）。したがって、もともと加治木は鹿児島城下に並んで郷中教育が盛んだった。青雲舎もその伝統の上にあったはずなのだ。

私が幸運だったのは、昭和三十年代〜四十年代に舎で育った、あるお二人に出会えたことである。お二人から聞いた「戦後の舎」の姿は、まさしく薩摩のよき伝統を受け継ぎながら、なおかつ現代に通用する素晴らしい教育の場であったと私には思えた。

当時の青雲舎は、小学五年生から高校二年生まで、各学年だいたい十名前後のメンバーで構成され、毎週土曜日、学校が終わってから夜の八時まで集まり、自顕流や歴史、文化、道徳などを学んでいたという。高校二年生をリーダーとした、いわばプチ社会がそこにはあった。舎の目標は、社会人としての教養を高め、一五歳で社会に通用する人間をつくること。つまり、昭和の時代なりの、「総合的人格形成のための道場」として機能していたのである。

たとえば小学校五年生の新入生が入ってきた時、高校生の先輩が「お前は何のために舎に入ったのか」と質問する。すると、五年生はこう答えていたそうだ。

「私は男を作るために、舎に入り申した」

お二人にとっての舎は、とにかく先輩に感服する場であったという。

舎の行事として、霧島の登山に出かけた時のこと。今では考えられないが、子供たちだけの行軍で、高校二年のリーダーが全ての指揮をとった。無事に下山できたと思った時、なんと当時は貴重品であったラジオを、頂上に忘れたことに気づいた。すると、リーダーの先輩が、黙って一人で取りに戻り、後輩を一言も責めなかったそうだ。

「その時、自分もああいう先輩になりたいと思いました。私たちの頃の舎は、先輩たちの姿から、忍耐や寛容さ、そしてものの道理や正義というものを学ぶ場でした。自分たちが年長になった時も、後輩たちに恥ずかしい姿は見せられないと思ったものです」

そのお二人も、後にリーダーとなり、お一方は地元の高校で自顕流部を作ったほどだ。

私は話を聞きながら、そういう場をなんとかこの平成の世に甦らせたいと思った。その思いをお二人は十二分に理解して下さり、舎の復活というプロジェクトが動き出すことになったのである。

私たちはまず、子供たちにもわかりやすい、古武道・野太刀自顕流の道場からスタートした。われわれ三名の大人と、その子供二名、計五名のスタートだった。それが、一年経たぬうちに十四、五名となり、二年目を迎える頃には二十名を超えた。自顕流に加え、薩摩武士道の嗜みの一つと言われた竹笛「天吹」の稽古も始めた。

私はいよいよサラリーマンとしての本業に支障をきたすようになり、会社を去ることにした。私は、地元を守る神主になり、祈願をしながら、週に一度集う子供たちに「何か」を受け取ってもらう生活を始めたのであった。

そして、三年間が経ったのを機に、平成十五（二〇〇三）年、この事業をより確かに将来へとつなげるため、NPO法人とした（法人名は島津義弘公奉賛会。青雲舎はその事業の一つという形である）。青少年育成事業を目的としたNPOは、鹿児島県では初めてということだった。

先に触れたように、自顕流が加治木の青雲舎にもたらされたのは文久二（一八六二）年の寺田屋事件を契機にしてである。それが百五十年近い歳月を経て、NPOという形で受け継がれることになるとは、当時の先輩たちは夢にも思わなかっただろう。

薩摩の「三つの掟」を現代に

私が子供たちに伝えたい「何か」とは、決して目に見えるものではない。自顕流や天吹の底に流れる、薩摩の精神文化。郷中教育の中で、連綿と受け継がれてきた薩摩の士風、真っ直ぐな心を伝えたいのだ。

といっても、決して難しいことではない。むしろ極めてシンプルなことだ。関ヶ原の敵中突破を思い起こして欲しい。一千名余で東軍大将・徳川家康の陣地に向けて突進する。ここにあるのは、まさに不撓不屈の精神である。

どんな窮地に追い込まれても、めげない、くじけない、最後まであきらめない。しかも、そこには決して悲壮感はない。あくまでも明るい不撓不屈の精神。

それは「チェスト！」という掛け声にも現れている。「チェスト！」という言葉は、じつは実際に使われることはないのだが、鹿児島の人たちにとって特別な意味を持つ。「なにくそ！」という言葉に相応する、薩摩式文語体とでもいおうか。この言葉の背後にあるのは、不撓不屈の精神と、真っ直ぐに背筋を伸ばして生きる美学ではないだろうか。

鹿児島出身（旧制加治木中学出身）の作家・海音寺潮五郎氏は、「薩摩には人間形成の美学がある」という言葉を残されている。薩摩では、見苦しい振る舞いや、卑怯な振る舞いが最も嫌われた。

薩摩には、「二才咄格式定目」や「いろは歌」をもとに、郷中教育の中で四百年にわたって続いてきた「三つの掟」がある。

負けるな

嘘を言うな

弱い者をいじめるな

私が伝えたいのは、この三つの言葉に尽きると言ってもいい。ここに貫かれている美学は、いまの時代にこそ必要なものだと思うのだ。そして現に、今ここ加治木館跡には、大きく標語として掲げられている。

教育がおかしいと言われて久しい。学級崩壊、いじめ、子供が子供を殺す……。最近では教師の自殺やセクハラ、犯罪など、私たちが子供の頃には考えられなかったような事件も起きている。

どこに原因があるのか、どこからボタンを掛け違えてしまったのか、私にはわからない。ただ、はっきり言えるのは、学校現場だけがおかしいのではない、ということだ。大人たちの社会、日本という社会そのものが、どこか狂い始めている。この三つの掟は、本当は大人たちにこそ伝えなければならないのかもしれない。

せめて私は、次の時代を担う子供たちにだけは、「負けるな、嘘を言うな、弱い者をいじめるな」と語りつづけていきたいと思う。

卑怯を嫌う。

それが性根に叩き込まれるだけで、世の中はずいぶん変わるのではないだろうか。

こんなことを言うと、なにやら時代錯誤な人間だと思われるかもしれない。でも私はそれでもかまわないと思っている。

私たちはもっと、時代が移り変わっても変わらないもの、普遍的なもの、本質的なものを大切にしなければならないのではないか。時代の流れに翻弄されすぎていやしまいか。

長い時間を経て、自分たちの先祖が築き上げてきた文化や習慣、風俗などを、本来人間は学習し受け継いできた。これを伝統という。世界のどの国を見ても、過去からの歴史を受け継いでおり、自分たちの先祖を敬ってきた。それをしない国は、乱れ、滅んできたのである。

私たち日本人は、明治維新以降は西洋諸国の文化を、第二次大戦の敗戦後は特にアメリカ文化を、一生懸命採り入れてきた。欧米に追いつき追い越すためには、必要なことだったろう。だが、その半面で、守るべき独自の文化、固有の文化の多くを捨て去ってしまった。

郷中教育、学舎制度もその一つであった。薩摩武士道の源泉である学舎で、かつて行われてきた精神修養としての薩摩琵琶は、その歌詞の内容が右翼的であるとされ、また、軍艦などで士気を鼓舞するために弾奏したことから、危険思想につながると見なされた。野太刀自顕流は、人斬り剣として当然、廃れた。

しかしそれは、物事の表面しか見ていないからである。薩摩琵琶や自顕流の奥にある精神は、もっと豊かなものである。

伝統ということでいえば、私は鹿児島ですら、日の丸、君が代を敬遠する人が多いのは、いかがなものかと思う。

日の丸と君が代は、もともと薩摩とは縁が深い。

日の丸はかつて島津斉彬公が、当時日本の船印であった白地に赤丸の旗を規格デザイン化し、幕府に対して日本国旗として採用するように意見具申した結果、採用されたものだ。また、君が代は、明治新政府樹立の際、薩摩出身の大山巌《いわお》が、琵琶歌『蓬萊山』の一節から採るよう提案し、それが採用されたといわれている。

こうした歴史を踏まえた上で、「せめて鹿児島人だけでも、右翼も左翼も関係なく、国旗・国歌を大事にすべきだ」などと発言すると、私を右翼だという人がいる。郷中教育の復興をかざし、薩摩琵琶を弾奏する神主ということで、それでなくても色眼鏡で見られるのだろう。まったくもって心外である。私は普遍的なもの、本質的なものの追求を志し、先人から受け継いだ伝統文化を伝承しようと、当たり前のことを言っているだけだ。

私は学生時代、短期間ではあったがイギリスへ留学した。そのとき、ヨーロッパの人たちが、自分の国に確かなアイデンティティを持っていることを感じた。彼らは、何かあるとすぐに、肩を組んで自分たちの国歌を歌う。サッカーの試合でも何でも、やたらと国旗を振りたがる。それを右翼的行為だなんて、当人も周囲も全然思ってはいない。日本では、今でこそサッカー観戦で国旗が見られるようになったが、やはり国旗・国歌は腫れ物に触るような扱いだ。日本はまことに不思議な国である。

念のためにもう一度言っておこう。私は右翼でも左翼でもない。私のところには、右翼的思想の人も左翼的思想の人もやってくる。そんなことはどうでもよいことだと思う。

ウィーンで薩摩琵琶を弾く

現在、私は来るもの拒まずで何でもお引き受けしている。本書の原稿も、チャレンジと考え、書かせていただいた。

私個人の活動でいえば、やはり薩摩琵琶に関する依頼が多い。最近では薩摩琵琶の弾奏込みで講演してくれ、というケースが増えた。そういう中で貴重な経験になったのが、ウィーンとロサンゼルスという海外での弾奏である。

まず平成十四（二〇〇二）年、突如、国連機関から打診があり、音楽の都ウィーンで薩摩琵琶を弾くことになったのだ。

会場は国連ウィーン本部にあるホールで、百名ほどのお客さんが来ていた。

驚いたのは弾奏の後である。一人の初老の男性が楽屋に飛び込んできて、私に「英語を話せるか？」と聞くので、少し話せると答えると、

「エクセレント！　イッツ・ジャスト・フィロソフィー！」

と叫び、強く私の手を握ったのだ。この人は、ドイツリートのピアノ伴奏者として有名なノーマン・シュトラー氏であった。

私は学生時代、ドイツリートの愛好サークルに入っていて、彼の伴奏するレコードを持っていた。世界的なピアニストが、初めて聴いた琵琶を「哲学だ！」とまで褒めてくれたのだから、これは感動ものであった。もうこれだけでウィーンまで来た甲斐があった。彼は、日新公が青少年を教育するために「いろは歌」を作り、それを普及させるた

めに薩摩琵琶が成立した、という私の説明も、しっかりと受け止めてくれた。ロサンゼルスでの弾奏は、ちょっと特殊なシチュエーションだった。ただの弾奏ではない。なんとコンピュータ・グラフィックスの映像を背負っての弾奏である。

これは鹿児島県種子島出身の世界的CGアーチスト、河口洋一郎・東京大学教授とのコラボレーションだった。

河口氏との出会いは、〝ザビエルイヤー〟の頃にさかのぼる。私は〝二十一世紀のピカソ〟（私は彼をこう名付けている）と意気投合、上京の折などに焼酎を酌み交わす仲となり、あるとき訪ねた東大の研究室で、製作中の作品を見せていただいた。能面をつけた舞手の動きをカメラが追い、コンピュータへ信号を送ると、プログラミングされた極彩色の泡のような絵が、その動きに反応してムクムクと動くものであった。

マグマのような、あるいは海の底から湧き上がる生命の誕生のような、得体の知れぬ立体画像が、外部の音や画像に反応して、勝手に「育つ」のである。

「まるで自分が創造主になったような気分です」

という河口氏の話を聞き、面食らいながらも、私は、この作品と薩摩琵琶のコラボレーションというプランに乗った。鹿児島で行った二回のコラボレーションは、地元紙に「伝統文化と最先端技術の融合」と持ち上げられ、すっかり気をよくした私とピカソ氏は、平成十六（二〇〇四）年、ロサンゼルスで行われたCGのオリンピック「SIGGRAPH（シーグラフ）」にまで参加することになったのだ。

かねがね河口氏は「アートはサバイバルだ！」と叫んでいた。その真意は、次のようなことである。

これだけ情報化社会が進むと、国境は存在しなくなる。日本の伝統文化も、今までは日本の中で一流であれば、欧米からも評価されてきたかもしれないが、これからはそうはいかない。常にアジアの中での比較や競争にさらされる。お隣の韓国や中国はもともと日本の古典芸能や文化の先生であり、日本の文化に近いもの、琵琶や太鼓、サムルノリ、京劇などが存在し、特に最近の中国パワーと韓国の映像技術は目を見張るものがある。同じような文化は最終的には淘汰され、強いもの、魅力あるものだけが残っていくことになる。だから、「アートはサバイバル」なのだ。これに勝ち抜き、生き残るためには、どんどん世界に打って出て、積極的にアピールしていかなければならない。

こうした河口氏の話を聞き、私は目から鱗が落ちた。薩摩琵琶にしろ自顕流にしろ、薩摩の文化であり、日本の中で守るべきものと私は思っていた。しかし、それでは不充分だというのだ。

実際、薩摩琵琶の継承は決して楽観できる状況ではない。伝統を継承していくためにも、世界に向けて発信していかなければならないのかもしれない。河口氏との出会いを通じて、私もそう思い始めているところだ。

新たなチャレンジということでいえば、自顕流についても最近、自分に不足しているものに気がついた。

それは「真剣」である。かつての自顕流の使い手たちは、刀の時代に生きていた。生死の境は目の前にあるという、まさしく真剣な時代であった。平和な時代に、ただ木刀を振り回しているだけでは、いくら真剣に取り組んでいるつもりでも、精神的な緊張感が違うのではないだろうか。

私はそう思い、家に伝わる刀を抜いて眺めた。

「刀の作法さえ知らずに何が自顕流か」

義弘公の叱責が聞こえたような気がした。

そうだ、居合は刀の作法を教え、しかも真剣を扱うことで刀すじの勉強になる。そう考えた次の瞬間、気がつくと、居合の先生をお呼びしていた。

薩摩琵琶も自顕流も、これで終わり、ということはない。文字通り「一生修行」のものである。

伝えていく役割を自分に課した以上、私はいっそう精進し続けなければならない。とにかく、行けるところまで行こう。今はそう思っている。

わか行ひにせすは甲斐なし

青雲舎を復活させてから、丸四年が過ぎた。

あのとき小学校五年生だった子は、すでに高校受験の真っただ中。先頃、彼らは後輩たちの前で、受験のためにしばらく欠席するが後をよろしく頼む、とリーダー代行の引き継ぎを済ませた。誰に言われるでもなく自主的にそうしている姿を見て、子供たちの精神的成長のスピードは、われわれ大人が考えているよりはるかに速いことを思い知らされた。

受験が終わって高校生になった上級生たちが再び舎に戻って来たとき、あこがれの先輩となって、真のリーダーシップを発揮することになるのだろう。そのときようやく、「青少年自身による道場」としての青雲舎が甦る。われわれの蒔いた種が芽を出し始めるのである。

私はこれからが楽しみだ。

地元の小中学校から、総合的学習の時間を使って自顕流と天吹を教えて欲しいという依頼も、もう三年続いている。舎生以外で体験した子供の数は二百名を超える。大人も、青年会議所や町おこしグループの若手など、体験者は延べ二百名を超えた。ここ数年間で、大人子供合わせて計四百名の人が、自顕流や天吹、琵琶に触れたことになる。

平成十六年夏には、東京から二組の親子が訪れた。一組の親子はボーイスカウト出身者で、親子ともども精神を鍛え直して欲しい、と寝袋持参で一週間、神社に泊り込んだ。

猛暑の中、早朝、境内の掃除を行い、自顕流の稽古に汗を流した。もう一組の親子は、中学生のお子さんが夏休みの研究として島津四兄弟（義久、義弘、歳久、家久）のことを勉強したいとかで、私の話を聞き、木刀も握った。ほかにもう一人、東京の大学生が、これも寝袋持参で五日間の合宿に来た。

青雲舎では現在、年間約十回以上の催しがある。正月の稽古始め、七夕、十五夜などの季節の行事には、子供たちが日頃修練した自顕流や天吹を発表する。そこに集うご家族の輪も広がり、青雲舎とは別に、家族の会も発足した。

私は将来、この義弘公ゆかりの地に、義弘公顕彰記念館を作ろうと計画している。そこに集う人たちが、四百年前に生きた人々に思いをはせながら、自己研鑽して欲しい。薩摩の掟、薩摩の美学を身に付けた大人は、本当の意味で「かっこいい」ではないか。大人が変われば、子供も変わっていく。誰かが少しずつでも始めるしかないのだ。

かつて作家の司馬遼太郎氏は、薩摩についてこう書いている。

「薩人のもつ豪華さ、大らかさ、寛容さ、進取性、あるいは節義の固さ、公共への没我性、そして固有の、ほとんど風土的なものかとおもえるほどの慧《さと》さ、頭の働きの機敏さというものは、いまの鹿児島県では、どうなっているのであろう。私はいま一度、若い薩人たちをして、その固有なるものを磨かしめ、往年の美にもどらしめ、この日本の運営の主軸をにぎらしめてみたい願望があふれるほどにある」（『鹿児島百年』序）

願わくば、ここから、世界の各分野に羽ばたくリーダーが、かつての志士たちのように育ってほしい。

野太刀自顕流という、いにしえの秘剣を身に付け、背筋のピンと伸びた若者たちが、世界のそこかしこで活躍する――。そんな日が来ることを願いながら、私は今日も木刀を振り、薩摩琵琶を鳴らそうと思う。

日新公いろは歌は、こんな初句から始まっている。

いにしへの道を聞ても唱へても　わか行ひにせすは甲斐なし

私はただ、「我が行い」として、行動するのみである。

あとがき

まさに二年越しになってしまった。書き終わった今、果たして自分に野太刀自顕流を書く資格があるのだろうかという思いはますます濃くなっている。

本文中には触れなかったが、校正作業の過程で浮上した疑問点などを解決するために、いくつかの再確認をした。その中で、私は見てはいけないものを見てしまったようである。それは、かつて幕末に薬丸半左衛門（兼義）、新蔵宛に出された入門の為の起請文であった。

起請文

一、御家伝自顕流太刀筋躰持等御伝授之趣、雖為親子兄弟他言仕間鋪事、

一、御口伝等之儀書留仕間鋪事、
一、為忠孝専心掛朝夕無油断稽古可仕事、
一、当流他流善悪之取沙汰、自他之勝負併争論ケ間敷儀一切仕間鋪事、
右条々屹相守違背仕間鋪、依而起請文如斯御座候、以上、
鈴木勇右衛門
基備（花押）
天保十四年癸卯
正月十一日
薬丸半左衛門様
薬丸新蔵様

差出人の鈴木勇右衛門は、後に寺田屋事件で鎮撫使となった門弟である。それが薬丸家の二人に対し、親子兄弟といえども自顕流の技は口外しないし、口伝の技を書き留めるようなこともしない、と入門にあたって書いた誓約書である。自顕流が今まで世にあ

まり知られなかった理由の一つには、まさにこのことがある。さらにいえば、自顕流の達人と対戦した者は、ほとんど命を落としてしまったために、敵の口を通じて技が広まることすら少なかったということもある。だから示現流と混同されたり、さまざまな誤解を生んだのであろう。

今回あえて野太刀自顕流のことを書き記したのは、これまでの混同や誤解を払拭したいという思いがあったからだ。しかし、それ以上に切実だったのは、野太刀自顕流が舎とともに受けつがれてきたものであるため、このまま放っておくと、技も精神も途絶えてしまいかねないという危機感を覚えたからである。かつての門外不出の掟には反するかもしれないが、今は伝統文化を受け継ぐことが優先されると考える。なにとぞご理解いただきたい。

本書では口伝の技には触れなかったが、それ以外の技については写真入りで解説している。この写真を見れば、おおよそ自顕流のイメージを思い描くことはできるかもしれない。しかし、自顕流は格好だけでは成り立たない。技の表面はなぞれても、意地が伴わなければ、それは野太刀自顕流とは言えないのだ。

技と意地とは車の両輪にたとえられる。もし、本書を読まれた方の中で、どうしても自顕流の真髄に触れてみたいと思うのであれば、毎年夏休み期間中に鹿児島で開催される「野太刀自顕流合宿」に参加されることをお勧めする。自分にとっても相手にとっても危険なので決して見よう見まねでやらないでいただきたい。

最後に、取材を快くお引き受け下さいました示現流第十二代御宗家・東郷重徳氏、我が師・伊藤政夫氏と共研舎の皆さん、加治木島津家家老職の出で島津義弘公奉賛会事務局長の曽木重隆氏、地元青雲舎の川上幸夫氏久志君親子、本書を書くきっかけを作って下さった南日本放送の宮島孝男氏、二十ミリの接写で太刀筋をとらえようと挑んだ武闘派女流カメラマンの山本陽子氏には、この場を借りて篤く御礼申し上げます。

また、執筆の機会を与えてくれた新潮新書編集長の三重博一氏並びに、実際に鹿児島で裸足になって立木打ちに挑んだ編集部の内田浩平氏にも、感謝の意を表したい。

島津義秀

●巻末資料

東郷家系図

東郷藤兵衛肥前守重位—重方—重利—実満—実昉—実乙—実位—実明—重矯—重毅—重政—重徳

島津家系図

源頼朝—忠久—忠時—久経—忠宗—貞久—師久—伊久

貞久—氏久—元久—久豊—忠国—立久—忠昌—忠治—忠隆—勝久—貴久—義久

忠国—○—○—忠良

貴久—義弘—家久—光久—（綱久）—綱貴—吉貴—継豊—宗信—重年—重豪—斉宣—斉興—斉彬—忠義—忠重—忠秀—修久

家久—忠朗（加治木家始祖）

斉興—久光

野太刀自顕流の系譜

伴兼行…肝付兼貞——兼俊

兼俊……兼尚
兼俊……兼重
兼俊……兼成
兼俊……薬丸家（肝付家弟）……薬丸弾正——壱岐守——刑部之丞

刑部之丞——刑部左ヱ門兼陳——刑部左ヱ門兼福——長左ヱ門兼慶——新蔵兼雄——長左ヱ門兼中

長左ヱ門兼中——正右ヱ門兼富——長左ヱ門兼武

長左ヱ門兼武——半左ヱ門兼義
長左ヱ門兼武——新蔵

半左ヱ門兼義——兼文
半左ヱ門兼義——猪之丞

兼文——兼吉
兼文——奥田真夫
兼文——曽木豊二

日新公いろは歌

いろは歌は、天文十四（一五四五）年に伊作の領主、島津日新斎忠良が作った教え。神道、儒教、仏教の三つの教えを基に、人として生きる道、特に武士として守らねばならない道を説いたものである。底本は尚古集成館蔵の江戸時代の写本とした。体裁はつとめて底本の体裁を保持しつつ、適宜普通の文字に改めた。また、変体仮名はすべて普通の平仮名に改めた。訳文は著者。

い　**いにしへの道を聞ても唱へても　わか行ひにせすは甲斐なし**

古来から言われてきたどんなに素晴らしい道も、自分で実践して行わなければ何にもならない。

ろ　**楼《ろう》の上もはにふの小屋も住人《すむひと》の　こゝろにこそハたかき賤しき**

どんなに立派な御殿に住んでいる人も、粗末な小屋に住んでいる人もそのことだけでは人間の価値は判断できない。要は住んでいる人の心の気高さが重要なのだ。

は　**はかなくも明日の命をたのむかな　けふも〳〵と学ひをはせて**

人間、明日のことは予測がつかない。勉学修養を明日にしよう明日にしようと引き延ばし、もし明日自分が死んだらどうするのか。今その時その時に全力投球せよ。

に　似たるこそ友としよけれ交らハ　われにます人おとなしき人

人は得てして、自分と実力が同等の人と仲良くなるがそれではそれ以上の進歩は望めない。自分より資質の上であると感じる人とつきあうことで己の腕を磨くべし。

ほ　佛神他にましまさす人よりも　こゝろにはちよ天地よくしる

神仏は自分以外のどこにいるのでもない。自分の心の中におられるのだ。恥ずかしい行いをして世間がどうのこうのというが、それは間違いである。世間は欺けても己の心は欺けない。

へ　下手そとて我とゆるすな稽古たに　つもらハ塵もやまとことの葉

下手だと思っても稽古をやめてはいけない。ちりも積もれば山となるではないか。継続に勝るものはないのだ。

と　とか（科）ありて人を切とも軽くすな　いかすかたなもたゝひとつなり

重大なミスを犯した者であっても簡単に裁いてはいけない。その人を活かすも殺すもトップの心一つである。適材適所の配置を心がけよ。

ち　知恵能ハ身に付ぬれと荷にならす　ひとはおもんしはつる物なり

知識、学問、技術、芸能などは身についても決して重荷にはならないから大いに身につけるべきである。かえって人はその人を重用し、それがない人は己に恥じることとなる。

り　理も法も立、ぬせそとて引安き　こころの駒のゆくにまかすな

道理も法も乱れた世の中だといって、心のゆるすまま安易な方へかたむき、勝手わがままに過ごしてはいけない。こんな時こそ気を引き締めて廻りを固める努力をすべきである。

ぬ　盗人は与所《よそ》より入《いる》とおもふかや　み、めのかとに戸さしよくせよ

盗賊はよそから来ると思いがちだが、本当に怖い盗人は己の耳や目から入り込んでくる様々な誘惑、讒言である。このことで人の心は乱れ揺れ動き、盗まれるのである。戸締まりは自分の耳、目にするべし。

る　流《る》通《つう》すと貴《き》人《にん》や君か物かたり　はしめてきける顔もちそよき

たとえ、自分の知っている話を目上の人が話しても、初めて聞いたような顔をすることが、その人に対する礼儀である。

を　小車《おぐるま》のわか悪業にひかれてや　つとむるミちをうしと見るらん

人はつい、己の怠け心にずるずると引っ張られがちで、やがては自分のつとめる仕事もつらくなり悪い癖となって下落してゆく。

わ

私《わたくし》を捨《すて》て君にしむかハねは　うらみもおこり述懐もあり

私心を捨て物事にぶつからないと、何かの時にうらみや不平不満が起こるものである。

か

学文《がくもん》は朝《あした》のしほのひるまにも　なミのよるこそなほしつかなれ

学問をするには昼夜すべきであるが、特に夜は静かで勉強しやすい。夜遊びなどして無駄な時間を過ごすのではなく、しっかり勉強するべし。

よ

よきあしき人の上にて身をみかけ　友ハかゝみとなるものそかし

善きにつけ悪しきにつけ他人の姿をよく見て自分を磨け。特に友達は自分の鏡となるものである。

た

たねとなる心の水にまかせすは　道よりほかに名もなかれまし

煩悩の心を水の流れに任せるようなことさえしなければ、道をはずした風評などは流れないはずだ。

れ

禮するハ人にするかハひとをまた　さくるはひとを下るものかは

礼は他人に対して尽くすものだろうか、いやそうではない。また他人を軽蔑することはただ単にその人を見下げるということであろうか、これもそうではない。すべて己にかえってくることなのである。

そ　そしるにもふたつあるへしおほかたハ　主人《あるじ》のためになる物としれ

人を謗るにも二通りの場合がある。ただ単にうらみや不平で言う場合と、その人のためを思って真心を持って言う場合である。受ける側は冷静に判断し、広く耳を傾け自分に落ち度がないかを見極める器の広さが必要である。

つ　つらしとて恨ミかへすなわれ人に　むくひ〳〵てはてしなき世そ

自分がどんなにつらい仕打ちを受けても、決してそれに仕返しをするようなことは慎まなければならない。次から次へと際限なく続くこととなり、決して良いことではない。人を許す気持ちを持つことこそ必要である。

ね　願ハすはへたてもあらしいつはりの　よにまことある伊勢の神かき

天は全てお見通しである。誠を持って物事に対処すれば、それ相応の人生を歩むことができ、不正を持って物事に対処すれば地に落ちるがごとき人生を歩むこととなる。たとえ、人は欺けても、天は公平に人を見ている。

な　名を今にのこし置《おき》ける人もひと　こゝろも心なにかをとらむ

後世に名を残した人も、我々と同じ人間である。心だって同じであるわけで、決して卑下することはない。

ら　楽も苦も時過ぬれハあともなし　よに残る名をたゝ思うへし

楽しいことも苦しいことも時間がたてば何も残らない。人たるものは後に名が残るような人生を送るべきだ。

む　むかしより道ならすしておこる身の　天のせめにしあハさるはなし

昔から道をはずして悪い行いをする人は、必ず天罰に遭わない者はいない。

う　うかりける今の身こそハ前の世と　思へはいまそ後のよならん

混沌としたこの世は、前世の悪業の報いであると思えば、今の世で成すべき己の身の振り様は後の世にどう反映されるか分かるであろう。一度しかない人生を無為に過ごしてはならない。

ゐ　亥にふして寅にはおくといふ露の　みをいたつらにあらせしかため

夜十時に寝て朝四時に起きるとよくいうが、これは限られた人間の寿命を一刻たりとも無駄にしないための戒めである。

の

遁《のが》るまし所をかねて思ひきれ　ときにいたりてすゝしかるへし

窮地に追い込まれ、どうしても逃れることのできない場合、命を捨てる覚悟をきめておくがよい。いざというときに涼風のごとき澄んだ気持ちで事に対処できよう。

お

おもほえすちかふものなり身の上の　よくをはなれて義を守れ人

思わずも道をはずすときがある。己の私心があるからである。一切の欲を捨て、真を貫くことが肝要なり。

く

くるしくと直道《すぐみち》をゆけ九折《つづらおり》の　すえハくらまのさかさまの世そ

たとえどんなに苦しくとも正道を進みなさい。もし、うねり曲がった道を歩めば、その末にはどん底に落ちてゆく。

や

やはら倶《く》といかるをいはゝ弓と筆　鳥にふたつのつはさ（翼）とをしれ

穏やかと怒るは言ってみれば弓（武）と筆（文）のようなものである。鳥は二つの翼があってようやく空を飛べるように、人間もこの二つのうちどちらが欠けても役に立たない。

ま

萬能《まんのう》も一心《いっしん》とありつかふるに　みはしたのむな思案堪忍

いかにいろいろな才知芸能に秀でていても、その人の心が悪ければ何の役にも立たない。人に仕える時、自分の才能をひけらかして自慢してはいけない。

け　賢不肖《けんふしよう》用ひすつるといふ人も　かならすならハ殊勝なるへし

賢い者を用い、愚かな者を切り捨てることが言葉通りキチッとできるならば、これほど感心なことはあるまい。

ふ　無勢《ふせい》とて敵をあなとることなかれ　たせいを見てもをそる（恐る）へからす

少数の敵だからといってあなどってはいけない。また、多勢の敵だからと言っていたずらに恐れる必要はない。冷静沈着に事に対処すべし。

こ　心こそいくさする身のいのちなれ　そろゆれハいき揃ハねはしす

心こそは戦争をするものの命である。自分たちの軍隊の気持ちが一つにまとまっていれば生きることができ、そろっていなければ死を招く。

え　回向にハ我と人とをへたつなよ　かん経《きん》はよししてもせすとも

死者を弔うことは敵味方を区別してはならない。読経するかしないかにかかわらず、手厚く祀るべし。

て　敵となる人こそハわか師匠そと　おもひかへして身をもたしなめ

自分にとって敵となる人こそわが師匠と思いなさい。思い直して冷静に観察すれば、必ずや自分の足りないところが鏡に浮かび上がるように見えてくるだろう。

あ　あきらけきめも呉竹のこのよゝり　まよハ、いかにのちのやミちは

明らかなるこの世でさえ目がくらんでいたら、死んだ後の行く末は、あの世でどうなることであろう。

さ　酒も水なかれも酒と成そかし　たゝなさけあれ君かことの葉

昔、中国の越王勾践は呉を討つ時、もらった酒が少なく、また、自分一人で飲むことがしのびなかったので、川の上流に流して下流で家臣達に分け与えたところ、家臣達は感激し、大いに士気があがったという言い伝えがある。上に立つ者は、たった一言であれ情けのこもった言葉をかけてやるように努めるべし。

き　きく事もまたみることも心から　ミなまよひなり皆さとりなり

我々が見たり聞いたりすることはすべて己の心の持ちようで、皆迷いともなり悟りともなる。

ゆ　ゆみ（弓）を得てうしなふ事も大将の　心ひとつの手をハ離れす

軍隊の結束力をまとめるのも、失うのもすべて大将の心一つにあることを忘れてはならない。

め

めくりてハわか身にこそはつかへけれ　先祖のまつり忠孝のミち

先祖を祀ることや、忠孝の道につくすということはやがて自分にめぐりめぐってくるものである。おろそかにしてはならない。

み

道にたゝ身をハ捨むと思ひとれ　かならす天のたすけあるへし

正しい道のためには命を捨てる覚悟で事にあたれ。必ずや天の助けがあるであろう。

し

舌たにも歯の剛きをハしるものを　ひとハこゝろのなからましやは

舌でさえも歯の固きことを知っているのに、人は心というものがある以上相手の心を思いやる気持ちが無くてはどうなろうか。そのようなことは人の道に反することである。

ゑ

ゑゝる世をさましもやらて盃に　無明のさけをかさぬるハうし

あたかも酔った人のごとくふらふらした今の世を、まともに立て直す努力もせずに、ただいたずらに酒の力を借りて大言壮語したり国を憂えたりすることは情けないことである。まっすぐに見据えよ。

ひ

ひとり身をあはれと思へものことに　民にハゆるすこゝろあるへし

独り身の者、独身者や特にお年寄りなどに対してのいたわりの気持ちを忘れずにいなさい。また、国民には寛大なる心で接しなさい。

も　もろくの國やところの政道ハ　人にまつよく教へならハせ

いろいろな国や町の政治、法律や制令というものは、まずその民衆に教え聴かせ理解してもらってから効果を期待するべきである。その努力をせずして法の下に処罰したりしてはならない。

せ　せんにうつりあやまれるを八改めよ　義ふき八生れつかぬものなり

過ちがあったならすぐに善に移せ。誤りがあったならすぐに訂正しろ。義も不義も人間の生まれつきのものではない。

す　すこしきをたれりともしれ満ぬれハ　月もほとなき十六夜の空

少し足りないぐらいを満足とすべし。月も満月からは欠けてゆき、十六夜の月となってしまうものである。

二才咄格式定目

一、第一武道を可嗜事、
一、兼而士之格式無油断可致穿儀事、
一、万一用事ニ付而、咄外之人ニ致参会候ハヽ、用事相斉次第、早速罷帰、長座致間敷事、
一、咄相中、何色によらす、入魂《じっこん》に申合候儀、可為肝要事、
一、はふばい（傍輩）中、無沙（作）法之過言、互ニ不申懸、専可守古風事、
一、咄相中、誰人ニてモ他所ニ差越候節、於其場難相分儀到来いたし候節、幾度モ相中得と致穿儀、越度無之様可相働事、
一、第一は虚言抔不申儀、士道之本意に候条、専其旨を可相守事、
一、忠孝之道大形無之様可相心懸候、乍然、不迯儀致到来候節ハ、其場をくれを不取様、可相働事武士之可為本意事、
一、山坂之達者、可心懸事、

一、二才と申者ハ、落鬢をそり、大りハをとり候事ニてハ無之て、諸事武邊を心懸、心底忠孝之道にそむかさる事、第一の二才と申者ニて候。此儀ハ、咄外之人たゑて不知事ニ而候事。

右条〻、堅固可相守。もし此旨相背候ハヽ、二才といふへからす。軍神摩利支天・南無八幡大菩薩、武運之冥加可尽果儀無疑者也。

慶長元年正月　日

二才頭

〔意訳〕

一、まず、武道をたしなむこと。

一、日頃から士として身辺油断なく振る舞うこと。

一、もし、諸用で先輩の家などへ行くときは用件がすみ次第、即刻下がること。無駄に長居しないこと。

一、咄相中（郷中教育の方限のこと）においては、ひとえに膝をつき合わせて話し合うことが肝心である。

一、たとえ親しき仲間内であっても、不作法や過言は禁止である。古風を守れ。

一、咄相中誰であっても、よそに出かけて議論をする際に双方納得がゆかず意見がまとまらない時には、双方納得がいくまで何度も論を詰めて落ち度のないようにすること。

一、第一は嘘を言わないこと。士の道の一番の真意であるから、必ず守ること。

一、忠孝の道は当然、守ることに心がけるべきであるが、万一、不測の事態となったときはその場遅れをとらないように一生懸命動くこと。武士の本意たるべきこと。

一、山坂を登って足腰を鍛えることに心がけよ。

一、二才（今でいう中高生程度の若者、昔は元服後の頃）は落鬢をそり大角前髪をとることばかりでなく、すべてに於いて武辺を心がけ、心底忠孝の道に背かないこと。

以上の旨、堅く守ること。もしこの旨に背けば二才としては取り扱わない（放り出され村八分にされる）。軍神摩利支天・南無八幡大菩薩、武運の冥加尽き果つべき儀疑いなき者なり。

出水《いずみ》兵児《へこ》修養掟

士ハ節義を嗜み申すべく候。節義の嗜みと申すものは口に偽りを言ハず身に私を構へず、心直《すなお》にして作法乱れず、礼儀正しくして上に諂《へつ》らハず、下を侮どらず人の患難を見捨てず、己が約諾を違へず、甲斐かいしく頼母しく、仮初めにも下様の賤しき物語り悪口など話しの端にも出さず、譬《たとえ》恥を知りて首刎ねらるるとも、己が為すまじき事をせず、死すべき場を一足も引かず、其心鐵石の如く、又穏和慈愛にして、物の哀れを知り人に情けあるを以て節義の嗜みと申すものの也

山田昌巖作

［意訳］

侍は節義を嗜まねばならない。節義の嗜みとはうそを言わない、わがままを言わない、心を素直にして作法を乱さない、礼儀正しくして、位の上の人に諂わない、自分より位の低い者に対しては侮らない、他人が困っていることがあれば、見捨てず助ける、自分で行った約束は絶対に守る、かいがいしく、頼もしく、下世話な話や人の悪口を言わず、もし面目を失い首をはねられることとなっても自分の至誠を貫き、死をおそれてひるむことなく、その心は鉄石のように盤石に、また、優しく思いやりを持って人に接する精神をもって節義の嗜みというものである。

●参考文献

『野太刀自顕流（薬丸流）』伊藤政夫編（野太刀自顕流研修会事務局）
『薩摩の秘剣　薬丸自顕流』松永守道著（私家版）
『大日本古記録　上井覚兼日記（上中下）』東京大学史料編纂所編（岩波書店）
『薩摩琵琶』越山正三著（ぺりかん社）
『天吹』天吹同好会編（天吹同好会事務局）
『薩摩の郷中教育』北川鉄三著（鹿児島県立図書館）
『島津義弘の軍功記』島津修久編（鶴嶺神社社務所）
『島津久光と明治維新』芳即正著（新人物往来社）
『示現流　薩摩の武芸』村山輝志著（春苑堂出版）
『示現流兵法　史料と研究』村山輝志編著（鹿屋体育大学武道学研究室）
『鹿児島百年』南日本新聞社編（春苑堂書店）
『島津義弘公記』加治木町義弘公三百年記念会編集兼発行（代表谷山初七郎）
『島津中興記』渡辺盛衛・伊地知茂七・谷山初七郎著（青潮社）

『日本史小辞典』日本史広辞典編集委員会編（山川出版社）
『島津義弘のすべて』三木靖編（新人物往来社）
『尚古集成館　島津氏八百年の収蔵』田村省三著（春苑堂出版）
『島津歴代略記』島津顕彰会編集発行
『日新公いろは歌』尚古集成館編集発行
『島津家おもしろ歴史館・2』尚古集成館編集発行
『薩陽武鑑』尚古集成館発行

●写真撮影

6頁、22頁、103頁下　©山本陽子

●問い合わせ先

NPO法人島津義弘公奉賛会ホームページ　http://www.shimadzu-yoshihiro.or.jp/

島津義秀　1964（昭和39）年大阪府生まれ。精矛神社宮司。大東文化大学文学部卒業後、島津興業に入社。2001年退社後、薩摩武士道の精神の継承を志し修行に励む。薩摩琵琶奏者でもある。加治木島津家第13代当主。

Ⓢ新潮新書

104

薩摩《さつま》の秘剣《ひけん》

野太刀自顕流《のだちじげんりゅう》

著　者　島津義秀《しまづよしひで》

2005年2月20日　発行

発行者　佐　藤　隆　信

発行所　株式会社新潮社

〒162-8711　東京都新宿区矢来町71番地

編集部(03)3266-5430　読者係(03)3266-5111

http://www.shinchosha.co.jp

印刷所　株式会社光邦

製本所　憲専堂製本株式会社

ISBN4-10-610104-1　C0221